W0013243

ILKA PIEPGRAS

Wie ich einmal auszog, den Tod kennenzulernen, und dabei eine Menge über das Leben erfuhr

© 2017 Droemer Verlag
Ein Imprint der Verlagsgruppe
Droemer Knaur GmbH & Co. KG, München
Alle Rechte vorbehalten. Das Werk darf – auch teilweise – nur mit
Genehmigung des Verlags wiedergegeben werden.
Covergestaltung: Jorge Schmidt, München
Coverabbildung: akg-images
Satz: Adobe InDesign im Verlag
Druck und Bindung: GGP Media GmbH, Pößneck
ISBN 978-3-426-27698-3

2   4   5   3   1

Für Stefanie N.

Inhalt

Wie es begann

Der 16. Mai 2012, der Tag vor Christi Himmelfahrt, ist ein prächtiger Frühlingstag in Berlin. Ich bin zu Hause, als es plötzlich an der Tür klingelt, einmal, zweimal, Sturm. Normalerweise passiert nicht viel in unserer ruhigen Wohngegend im Südwesten der Stadt. Jetzt hält jemand die Klingel gedrückt, ein schriller Dauerton, der nichts Gutes verheißt.

Am Gartentor steht Lea, die Sechzehnjährige von nebenan. Das Handy am Ohr, springt sie auf der Straße herum wie ein verwundetes Tier. Während sie zusammenhangslose Sätze ins Telefon schreit, winkt sie mich hinüber in ihr Haus und ins Wohnzimmer hinein. Dort liegt ihr Vater merkwürdig verzerrt auf der Couch, Holger, halb verhüllt von einer verrutschten Wolldecke. Sein Gesicht hat eine blaugraue Farbe, wie von einem enormen Bluterguss. »Kümmere dich um den Kleinen!«, ruft Lea, und meine Aufgabe für die nächsten Stunden ist klar: Leas vierjährigen Bruder abschirmen. Er soll nicht sehen, wie Rettungssanitäter seinem Vater das Hemd aufreißen und den Brustkorb massieren, wie sie über einen Schlauch Sauerstoff in seine Lunge pressen und schließlich versuchen, ihn mit Stromstößen zurückzuholen. Alles wird gut, beschwichtige ich den Jungen, bald ist der Papi wieder gesund. Das Gerede fällt mir leicht, ich glaube zu diesem Zeitpunkt selbst daran.

Wir haben Zirkus gespielt, als der Ambulanzwagen vorfuhr, und auf dem Trampolin gehüpft, als die Rettungssanitäter Sauerstoffflaschen ins Haus schleppten. Jetzt kommt ein Sanitäter aus dem Haus und raucht, an den Wagen gelehnt, eine Zigarette. Er wirkt müde und bedrückt. Jemand zieht mich beiseite, Holger habe es leider nicht geschafft. Wie, nicht geschafft? Es dauert einen Moment, bis ich begreife, dann werden mir die Knie weich. Holger, ein Mann von Anfang fünfzig, so alt wie mein eigener Mann, lebt nicht mehr? Holger, der mir eben noch – das Basecap auf dem Kopf und eine Zigarette im Mundwinkel – nachbarschaftlich über die Hecke zugewinkt hat: Hey, alles cool bei dir? Aus heiterem Himmel weg?

Herzversagen, heißt es später. Als abends der Leichenwagen vor dem Nachbarhaus hält und ein Aluminiumsarg reingetragen wird, sickert die Erkenntnis langsam in mein Bewusstsein.

Am nächsten Tag fliege ich nach Athen, die Reise war lange geplant. Ich laufe im Regen über die Akropolis, und von überall kommt mir Holgers blaugraues Gesicht entgegen: Aus den Ruinen und den Vitrinen des Museums scheint es plötzlich heraus, auf den Straßen und im Restaurant blickt es mich an. Ich werde es nicht mehr los, auch später in Berlin nicht. Noch heute, fünf Jahre danach, holt es mich gelegentlich ein.

Als unser Nachbar starb, war ich 47 und hielt mich für unverwundbar. Ich hatte zwei Kinder zur Welt gebracht und als Reporterin in einem venezolanischen Gefängnis recherchiert, ich beherrschte die Krieger-III-Position beim Yoga, ohne zu wackeln. Wie man einen Kondolenzbrief verfasst, wusste ich nicht. Bis unser Nachbar starb, stellte ich mir unter Sterben nicht viel vor, es war ein abstrakter Begriff. Eines dieser unangenehmen Themen für später, wenn man alt ist. Etwas, das weit weg in Syrien geschah oder abgeschirmt von der Öffentlichkeit auf der Intensivstation eines Krankenhauses. Auch meine Großeltern hatte ich nicht tot gesehen. »Tu dir das nicht an«, hieß es in der Familie, als es um den letzten Besuch bei der sterbenden Großmutter im Pflegeheim ging, »bewahr dir das Bild von ihr aus besseren Tagen.« Ich habe mich vor ihrem letzten Anblick gedrückt.

Früher, als die Kirchen den Prozess des Sterbens gestalteten und dem Tod einen Sinn gaben, wurden Menschen von ihren Familien auf dem Sterbebett begleitet. Es gehörte zu den Pflichten eines Christen, sich der Sterbenden anzunehmen. Man kannte tröstende Gebete und forschte nach ungebeichteten Vergehen. Die mittelalterliche Ars Moriendi – die Kunst, zu sterben – hatte einen pädagogischen Ansatz: Sie verstand sich als erlernbares Handwerk, um mit Hilfe von Bibeltexten und dem Glauben an Jesus Christus die Angst vor dem Tod zu überwinden.

Heute ist das Sterben hochspezialisierten Gruppen überantwortet. Die Dienste, die dem Toten erwiesen werden, sind käuflich. Die Fortschritte der Intensivmedizin haben die Dauer des Sterbens dramatisch verlängert und den Tod als Ereignis beinahe abgeschafft – und damit auch das Wissen um die Tradition. Der Tod als natürlicher Endpunkt menschlichen Lebens ist aus dem Blick geraten. Fachkräfte beschäftigen sich mit dem Sterben, und weil die Menschen immer älter werden und weit entfernt von ihren Kindern leben, geschieht es gewöhnlich in Pflegeheimen oder Kliniken. Dabei wollen die meisten zu Hause sterben. Aber in den Familien weiß kaum noch einer, wie das geht.

»Der erste Tote bedeutet für jeden Menschen einen gewaltigen Einschnitt«, sagt die Therapeutin, zu der ich ein halbes Jahr nach Holgers Herzversagen gehe. Ich bin dünnhäutig geworden, überreizt und empfindlich. Schlafe schlecht und werde scheinbar grundlos von Angst überfallen. Längst geht es nicht mehr um den Schock der Sterblichkeit – sondern um die Furcht vor dem Verlust. Vielleicht wird morgen mein eigener Mann blau angelaufen auf dem Sofa liegen. Vielleicht geht alles noch vierzig Jahre gut – aber irgendwann ist es so weit. Unausweichlich. Doch wie soll ich weiterleben mit diesem Wissen, dass jede Sekunde alles zu Ende sein kann?

»Stellen Sie sich vor, es klingelt. In der Tür steht ein Polizist. Er eröffnet Ihnen, Ihr Mann sei bei einem Unfall ums Leben gekommen. Was tun Sie?« Schritt für Schritt lotst mich die Therapeutin durch die quälende Szenerie. Mit geschlossenen Augen spiele ich das, was ich am meisten fürchte, gedanklich durch – von der Reaktion auf die Todesnachricht über den ersten Anruf bis zu jenem Musikstück, das mir Trost bringt. Ich reflektiere die Art, wie ich Abschied nehmen und die Trauerfeier gestalten würde. Nachdem ich mir das Unvorstellbare vorgestellt habe, weiß ich, es ist zu überstehen. Es gibt ein Leben nach dem Tod eines geliebten Menschen, so schmerzvoll es auch sein wird. Am Ende der Sitzung bin ich verheult und erschöpft – und sehr befreit.

Ich bin Jahrgang 1964, geboren auf dem Höhepunkt des Babybooms, der nach dem Krieg einsetzte und mit dem Pillenknick endete. Babyboomer sind in Frieden und Wohlstand hineingeboren worden, sie streben nach Vervollkommnung, ihr Lebensstil ist materialistisch und auf Fortschritt ausgerichtet. Wir sind unablässig mit uns selbst beschäftigt und lehnen körperlichen Verfall ab. Wir erleben Sinnkrisen und sehen uns wechselweise als Gewinner oder Versager, aber an den Tod denken wir nicht. Wir haben Aerobic erfunden und die Bedeutung atmungsaktiver Sportbekleidung erkannt. Hunger, Angst, Leiden nehmen wir nicht als reale Bestandteile des Lebens wahr, sondern als unvorstellbaren Bruch. Wir sind existentiell verzärtelt, was uns grundlegend von Eltern und Großeltern unterscheidet.

Babyboomer glauben, der Tod gehöre irgendwie zum Leben, aber auf keinen Fall zum eigenen. Sie leben unbehelligt vom Tod, obwohl er allgegenwärtig ist: Man liest und hört von ihm in Filmen und Romanen, begegnet ihm beim Fernsehen und in Computerspielen. Aber die Konfrontation ist nicht unmittelbar, sondern fiktiv. In der Babyboomer-Welt, einer komplett materialistischen Welt, ist der Tod schockierend abstrakt. Babyboomer sind so fest verankert in ihrer Welt, dass sie allein die Vorstellung, sie irgendwann verlassen zu müssen, als Beleidigung empfinden. Der Tod ist die ultimative narzisstische Kränkung, er ist unverzeihlich.

Statistisch gesehen haben Babyboomer zum jetzigen Zeitpunkt eine Lebenserwartung von über achtzig Jahren. Und sie steigt sogar um zwei bis fünf Jahre pro Dekade – und damit auch der Eindruck, die Lebensspanne verlängere sich immer weiter. In einer Zeit, in der Rockbands noch mit siebzig Fußball-Arenen füllen und über sechzigjährige Frauen ihr erstes Kind gebären, einer Zeit, in der Jugendliche sich wie Erwachsene verhalten und Erwachsene wie Jugendliche, ist Alter ein schwammiger Begriff geworden und mehr denn je eine Frage der Haltung. »Amortality« nennt die britische Autorin Catherine Mayer dieses Phänomen, was man frei mit »Verweigerung der Sterblichkeit« übersetzen kann. Sterblichkeitsverweigerer leben durchgängig im selben Takt, egal ob als Teenager oder Greis. Sie wehren sich dagegen, Altern und Tod als Größe in ihrer Lebensgestaltung anzuerkennen.

Sterblichkeitsverweigerer vertrauen darauf, dass die Wissenschaft ihnen dabei helfen wird, lange gut zu leben. Sie schauen hoffnungsfroh nach Kalifornien, wo Biowissenschaftler und Tech-Milliardäre eine Allianz gegen den Tod gebildet haben. In den Zukunftslaboren des Silicon Valleys wirkt der Tod noch überholter und unzeitgemäßer als anderswo. Viel Geld fließt in Stiftungen mit programmatischen Namen wie »Forever healthy« oder »Life Extension Foundation«. Dort geht man davon aus, dass Altern eine Krankheit ist, die man bald heilen kann. J. Craig Venter beispielsweise, bekannt durch die Entschlüsselung des Genoms, hat sich mit »Human Longevity, Inc.« zum Ziel gesetzt, mit Hilfe der DNA-Sequenzierung den Tod zu überlisten. Wenn es gelingt, die Funktion einzelner Gene systematisch zu bestimmen, könnten ein paar Jahrzehnte mehr Lebenszeit herausspringen, oder auch mehr. Und bei Calico, einem von Google gegründeten Biotech-Unternehmen, arbeiten Computerspezialisten und Gentechniker Hand in Hand an Langlebigkeitsstrategien. Unsterblichkeit, so scheint es, ist irgendwann nur noch eine Frage des Geldes.

Am anderen Ende des Spektrums tüfteln Software-Firmen Konzepte aus, um mit dem Tod Geld zu verdienen. In

San Francisco, wo eine starke Hospizbewegung das Thema Sterben offensiv und avantgardistisch angeht, widmen sich Werbeagenturen und Software-Entwickler intensiv der Frage, wie man normale, vielbeschäftigte, gesunde Menschen dazu bekommt, sich für ihre Sterblichkeit zu interessieren. Eine Menge digitaler Organisationshilfen zum Sterben sind entwickelt worden, die App »SafeBeyond« beispielsweise bündelt relevante Informationen zum Weitergeben am Lebensende. Passwörter und Benutzernamen, Bankinformationen und Versicherungspolicen, die Kundennummer bei der Papier-Recyclingfirma oder der Kontakt zum Fensterputzer werden praktisch und sicher für die Nachwelt aufbereitet.

In Berlin, wo ich lebe, nutzt man Service-Apps noch nicht beim Sterben, sondern um Autos zu leihen oder Essen zu bestellen. Der Tod ist bei uns immer noch analog. Doch auch hierzulande sind die Dinge in Bewegung. Die erste Nachkriegs-Generation ist über 70 Jahre alt und gerade in Rente gegangen. Es ist die Generation der Achtundsechziger, eine stark politisierte Generation, die für Individualismus und sexuelle Befreiung steht. Mit über siebzig begehren die Rebellen von damals ein letztes Mal auf: Gegen das stille, schicksalsergebene Sterben, wie sie es jetzt bei den alten Leuten erleben. Der Tod, so scheint es, ist der letzte existentielle Bereich, in dem es gesellschaftlich noch etwas zu befreien gibt. Es wird nicht länger hingenommen, sich dem Lebensende stillschweigend wie die Eltern zu ergeben. Jetzt wird gestaltet und diskutiert. Das Recht auf Sterbehilfe ist ein zentraler Punkt.

Eine neue Art von Basisbewegung entsteht: Aus England kommt die Idee von »Sterbecafés«, in denen man sich zum zwanglosen Austausch über den Tod verabredet. Spielfilme wie die Hollywood-Produktion »Still Alice« oder Til Schweigers Komödie »Honig im Kopf« übersetzen sperrige Themen wie Alzheimer und Altersdemenz in leicht verdauliche Unterhaltung. Radio und Fernsehen räumen dem Thema Sterben viel Sendezeit ein. Eine Flut von Büchern beschäftigt sich mit dem Tod. Die Suche nach neuen, zeitgenössischen Formen der mittelalterlichen Ars Moriendi ist voll im Gange.

Auch ich häufe nach dem jähen Tod unseres Nachbarn Bücher und Aufsätze an. Bücher mit Titeln wie *Besser leben mit dem Tod* oder *Sterben für Anfänger*. Ich bin es gewohnt, mich schwierigen Themen zu nähern, indem ich die Literatur befrage. Aber in diesem Fall funktioniert es nicht. Die Bücher langweilen mich, nichts davon hat mit mir zu tun, der Tod bleibt Buchstabengewimmel, bedrohlich, aber abstrakt. Ich finde nicht hinein. Mir wird etwas bewusst: Ich muss mir selbst Klarheit über das Sterben verschaffen. Ein zweites Mal will ich dem Tod nicht unvorbereitet begegnen. Ich muss ihm nahekommen, damit er seinen Schrecken verliert, muss so viel wie möglich über ihn erfahren. Sonst werde ich das Erlebnis nicht los.

Aber wie kann man Sterben lernen, ohne selbst betroffen zu sein? Im Gespräch mit der Therapeutin habe ich mich meiner Verlustangst gestellt, nun will ich mich der Angst vor dem Sterben stellen. Ich möchte dem Tod Wissen und Erfahrung entgegensetzen. Wie soll das gehen? Zunächst suche ich das Gespräch mit alten Menschen. Aber es ist schwierig, jemanden zu fragen: Wie fühlt sich das an, wenn das Ende nah ist? Nicht einmal mit meinen Eltern, die immer gebrechlicher werden, habe ich bislang übers Sterben sprechen können. Es fällt mir schwer, ihren Tod auch nur in Erwägung zu ziehen. Doch wenn es so weit ist, will ich vorbereitet und ihnen eine Hilfe sein.

Heute wird viel davon gesprochen, wie wir sterben, und wenig darüber, warum. Von Selbstbestimmung und Würde ist die Rede, vom Recht auf Sterbehilfe und davon, dass der Tod zum Leben gehört. Aber was heißt das für mein Leben, was ist der Sinn? Das sind große Fragen, die mir kein Mensch beantworten kann, und sei er noch so weise – das wird mir beim Tee mit einer alten Dame aus der Nachbarschaft klar, einer disziplinierten und klugen Frau. Sie berichtet vom Alltag alter Menschen, davon, wie die Welt auf die Größe zweier Zimmer zusammenschrumpft und sich alle Kraft, die man noch aufbringen kann, auf den eigenen Körper konzentriert. Wir reden über die Vorstufe des Sterbens, der Tod ist im Alter nah, aber greifbar ist er nicht.

Um herauszufinden, wie das Leben ausgeht, um dem Tod auf die Spur zu kommen, muss ich ganz dicht an ihn rankommen, so viel ist klar. Und dann ist da plötzlich der Gedanke an Sterbebegleitung, wie ein Geistesblitz entsteht die Idee. Ich habe die Mutter einer guten Freundin vor Augen, die, um sich auf den Tod ihres Vaters vorzubereiten, in der Kleinstadt, wo sie lebt, eine Hospizgruppe gründete und seit vielen Jahren Sterbende ambulant begleitet. Mir war das immer ein bisschen unheimlich, was sie macht – in die Häuser fremder Menschen zu gehen und ihnen beistehen, wenn das Leben zu Ende geht. Wer tut sich das freiwillig an? Auf einmal weiß ich, was sie antreibt, es erscheint mir logisch und klug, der bestmögliche Weg.

Per E-Mail erkundige ich mich bei ein paar Berliner Hospizen nach Möglichkeiten zur Sterbebegleitung. Die freundlichste Antwort kommt vom Lazarus Hospiz, im Anhang ein Fragebogen, den es für Interessenten an einem Vorbereitungskurs auszufüllen gilt. Es sind allgemeine Fragen zu Familienstand, Beruf, Sprachkenntnissen und Erfahrungen mit Gruppen oder ehrenamtlicher Arbeit. Zudem wird nach Ängsten gefragt, die man in Bezug auf die Begleitung Sterbender hat. »Dass mir das Sterben persönlich zu nah geht«, notiere ich spontan. Auch die Frage, was ich mir unter Sterbebegleitung vorstelle, beantworte ich ohne Zögern: »Da sein. Zuhören. Die richtigen Fragen zum richtigen Zeitpunkt stellen.« Die Einschätzung meiner Fähigkeiten für die Sterbebegleitung fällt mir schwerer. Was kann man für die Begleitung sterbender Menschen wohl brauchen? »Empathie und Lebenserfahrung. Eine gesunde Mischung aus Standhaftigkeit und Sensibilität«, schreibe ich hin, und: »Ein Gefühl von Ruhe und Frieden vermitteln zu können.« Dann bringe ich den Brief zur Post. Später schlage ich ein frisches Notizheft auf und schreibe auf die erste Seite: *5. Januar 2014. Fragebogen ausgefüllt und weggeschickt.* Instinktiv weiß ich, dass an diesem Tag etwas Wichtiges geschieht.

Erstes Gespräch mit Lydia Röder steht ein paar Wochen später im Heft. Lydia Röder hat den ambulanten Lazarus Hospizdienst mit aufgebaut und leitet ihn seit vielen Jahren, auch den Vorbereitungskurs für Sterbebegleiter hat sie konzipiert und führt ihn durch. Vor dem Gespräch mit ihr bin ich nervös, keine Ahnung, warum. Zu dem Treffen verspäte ich mich, Blitzeis legt an diesem Tag den Berliner Verkehr lahm, und ich schliddere unsicher den Bürgersteig vor dem Lazarus-Haus entlang, einem riesigen Gebäudekomplex, in dem außer dem Hospiz auch ein Pflegeheim untergebracht ist, zudem Schulungsräume, ein Wohnheim für Schwestern der Diakonie, die Träger der Lazarus-Einrichtungen ist, und vieles mehr. Ich verliere mich in dem Gewirr aus Häusern, Höfen und Eingängen, lande irrtümlich im Haupthaus, wo es auffallend warm ist und das Licht sehr gedämpft. Ein Ort des Rückzugs, denke ich, und der Einsamkeit, das auch. Nur ein einziger Mensch ist zu sehen, der Pförtner in seiner Loge. Mit seiner Hilfe finde ich den Weg zum ambulanten Hospizdienst, der in einem angrenzenden Gebäude untergebracht ist. Eine steile Treppe führt zu den Räumen weit oben unterm Dach hinauf. Wie in einer Altbauwohnung sieht es hier aus, Küche und Wannenbad inklusive.

Das Herumirren hat mich entmutigt, ich mache bei der Begrüßung keine gute Figur. »Na, auf dem Fragebogen haben Sie mir einen resoluteren Eindruck gemacht«, sagt Lydia, und es dauert einen Moment, bis ich begreife: diese Frau, deren kurze graumelierte Haare wie ein Helm geschnitten sind, hat einen speziellen Humor. Ihre Stimme ist heiser, die Mimik schalkhaft, sie hat eine warmherzige Aura. Lydia trägt ockerfarbene Cordhosen und Strickstrümpfe, um den Hals eine Kette aus roten Korallen. Sie hat Yogi-Tee gekocht, und auf dem Tisch, an dem wir Platz nehmen, brennt eine dicke Kerze. Das Gespräch ist kurz. Ob ich Fragen habe? Mir fällt nichts ein, noch nicht. Ich werde darüber aufgeklärt, dass mir die Kursgebühr von 250 Euro nach zwei Jahren zurücküberwiesen wird, sofern ich so lange im Hospizdienst bleibe und es dann noch wünschen sollte. Die endgültige Entscheidung, ob ich am Kurs teilnehmen will, solle ich überschlafen, sagt Lydia, von ihrer Seite sei alles okay. Zum Abschied schüttelt sie mir jovial die

Hand. Kaum zu Hause angekommen, teile ich per E-Mail meine Zusage mit.

Es fühlt sich gut an, was hier passiert. Wie ein Abenteuer, dessen Ausgang vollkommen offen ist. Ich werde dem Tod ins Auge schauen – vielleicht sogar etwas entdecken, das mich mit den dramatischen Ereignissen in Holgers Haus versöhnt. Seine Familie ist inzwischen weggezogen, hinein ins geschäftige Leben der Innenstadt. Lea, schlagartig erwachsen geworden, studiert fern von Berlin, der Kleine ist ein Schulkind, wach und fröhlich, als ich ihn zuletzt sah. Sie haben es offenbar überstanden. Knapp zwei Jahre nach dem verhängnisvollen Tag im Mai beginnt meine Zeit im Hospizdienst. Es ist der Aufbruch in ein Gebiet, dessen Sprache ich nicht spreche, eine Grand Tour zum Tod. Der Anfang einer Reise ins Unvertraute, einer Reise voll überraschender Erfahrungen und Gespräche, für die mir vorher der Mut fehlte. Es ist die Reise meines Lebens, und davon erzählt dieses Buch.

Den Tod kennenlernen

Am Tag, als der Vorbereitungskurs für die Sterbebegleitung beginnt, tobt ein Frühlingssturm über Berlin. Draußen fegt ein starker Wind morsche Äste aus den Bäumen, drinnen stehen elf Töpfe mit rosaroten Gänseblümchen bereit. Die Blumentöpfe bekommen wir am Ende des Tages als Hausaufgabe mit auf den Weg: Mal sehen, wie lange sie überleben. Symbole haben in der Hospizarbeit große Bedeutung.

Zehn Frauen und ein Mann bilden einen Stuhlkreis, in dessen Mitte eine brennende Kerze steht. An den Wänden des Seminarraums hängen Bilder in warmen Farben. Es sind Energiebilder, die sich positiv aufs Gemüt des Betrachters auswirken sollen. Ein Stein geht von Hand zu Hand, wer ihn hält, erzählt, wie er sich gerade fühlt. Mit einer solchen Befindlichkeitsrunde wird jedes Seminar eröffnet und beendet. Die Gruppe ist so heterogen wie ihre Stadt – eine buddhistische Nonne, eine vegan lebende Studentin, eine deutsche Jüdin, eine katholische Sozialpädagogin aus Polen, eine protestantische Eventmanagerin und ein muslimischer Laborassistent sind hier unter anderem versammelt, alle zwischen 25 und 55 Jahre alt. Die Stimmung ist erwartungsvoll gespannt.

Insgesamt verbringen wir siebzig Stunden zusammen, übers Jahr aufgeteilt auf sechs Wochenenden plus sechs Abendtermine. Das Seminar in den Räumen des Hospizdienstes bereitet uns darauf vor, todkranke Menschen zu Hause oder im Hospiz zu unterstützen, mit ihnen durch die letzte Lebensphase zu gehen, die Zeit von Abschied und Bilanz. Oft können Sterbende kaum artikulieren, was ihnen guttut oder was sie bedrückt. Die gleiche Frequenz suchen und eintauchen in ihre Welt – das lernt man in der Ausbildung. Was man als Sterbebegleiter macht, gilt es bei jedem Einsatz neu zu erspüren. Es gibt keine formalen Handlungsanweisungen, außer: hingehen, aufmerksam zuhören und hinsehen, reagieren. Bedürfnisse erkennen. Manchmal muss die Speisekammer aufgefüllt oder das Handyguthaben aufgeladen werden, erfahren wir. Manchmal bietet der Sterbebegleiter auch bloß ein bisschen Ablenkung zwischen Fernsehen und Abendessen. Oder er erfüllt letzte Wünsche: einmal noch den Ku'damm rauf- und runterfahren oder den Bruder besuchen, um sich zu versöhnen.

Die Qualifikation zur Sterbebegleitung unterliegt keiner Norm: Alle 1500 ambulanten Hospizdienste Deutschlands bereiten ihre Ehrenamtlichen so vor, wie sie es für richtig halten. Die meisten Kurse folgen dem sogenannten Celler Modell. Das ist ein christlicher Ansatz, die verloren gegangene Ars Moriendi, die Kunst des Sterbens, wiederaufleben zu lassen. Beim Lazarus Hospizdienst (Lazarus hieß der Tote im Neuen Testament, der von Jesus unversehrt aus dem Grab gerufen wurde) orientiert man sich am säkularen Berlin: Der Kurs ist weltanschaulich offen und keiner Religion verpflichtet, deshalb hängen Energiebilder statt Kreuze an der Wand.

Eine Menge Rollenspiele gehören zum Ausbildungsprogramm und Filme, in denen es um Sterben, Tod und Trauer geht. Ziel ist es, eine Ahnung davon zu bekommen, welche

Prozesse Sterbende durchlaufen, wie sie sich fühlen. Selbstwahrnehmung gehört ebenfalls zur Ausbildung, denn um sein Gegenüber zu erkennen, um sich in ihn hineinversetzen zu können, muss man wissen, wo man selbst gerade steht. Nach und nach füllen Erzählungen über verlorene oder ungeborene Kinder, traumatische Trennungen, schwere Krankheiten und trostlose Familienverhältnisse den Seminarraum. Eine Kleenex-Box steht griffbereit, denn manche Übung berührt einen wunden Punkt. Das Gruppenerlebnis ist intensiv, nicht jedem liegt das. Drei Teilnehmer brechen den Kurs im Lauf der Monate ab.

Einmal werden Papierkrawatten ausgeteilt, auf denen jeder sechs Dinge notieren soll, die ihm wichtig sind. Bei mir steht die Familie ganz oben, weiter unten Erkenntnisgewinn und Natur. Dann heften wir uns die Krawatten an die Pullover, und Lydia schneidet Stück für Stück, von unten nach oben, Begriffe ab. Nach und nach fallen Gott, Rotwein, Beweglichkeit und andere Werte zu Boden. Jeder Schnitt kommt unvermittelt und hart. Am Ende geht es leichter. Loslassen, so scheint es, ist vor allem am Anfang eine Hürde, erstaunlicherweise, denn die wichtigsten Dinge fallen als Letztes.

Ein anderes Mal schweigen wir einen ganzen Nachmittag lang und verständigen uns nur mit Blicken und Gesten. Wir lernen die Welt aus fremden Blickwinkeln kennen – etwa aus einem Rollstuhl. Wie unterschiedlich Intimität definiert wird, zeigt eine Übung, in der wir Körperzonen farbig markieren, an denen wir uns von fremden Menschen auf keinen Fall berühren lassen wollen. Es entstehen ungleiche Farbmuster. Solche Sichtweisen nicht zu bewerten, sie einfach stehen zu lassen, gehört zu den zentralen Lektionen der Hospizarbeit. Hier lernt man Unvoreingenommenheit wie woanders Stricken oder Russisch. Es ist eine Schule der Vorurteilslosigkeit.

Auf den langen S-Bahn-Fahrten nach Hause tippe ich nach den Workshops hektisch Nachrichten in mein Handy und schicke sie an mich selbst – bloß nichts vergessen. Die Welt erscheint in neuen Farben, wenn man lernt, sich zurückzunehmen und nicht alles auf sich zu beziehen. So gesehen ist es eher ein Kurs über das Leben als über das Sterben. Ich hatte mit Frontalunterricht gerechnet: Flipcharts, Referate über den Tod. Aber ich muss mein Inneres nach außen kehren, bevor man mich in ein Sterbezimmer lässt. Warum? Was hat diese Selbstanalyse mit Sterbebegleitung zu tun?

»Sterbende brauchen ein stabiles Gegenüber. Wer psychisch mit sich im Einklang ist, kann ihnen unbefangen und frei begegnen. Am Lebensende spüren Menschen Ängste und Befürchtungen des anderen schnell. Und sie spüren, ob du echt bist«, sagt Lydia. Als Leiterin des ambulanten Hospizdienstes ist sie gleichzeitig auch eine Art Mentorin für die etwa siebzig Lazarus-Sterbebegleiter. Lydia ist 47 und hat früher als Krankenschwester gearbeitet, zur Sterbebegleitung kam sie über Sitzwachen bei Aids-Patienten. Mit ihrer einfühlsamen und direkten Art verkörpert sie das Wesentliche der Sterbebegleitung: Unerschrockenheit.

Im Frühsommer beginnen erste Praxiseinsätze. Jährlich gehen beim Lazarus Hospiz an die 150 Anfragen von Pflegediensten, Krankenhäusern, Arztpraxen und Angehörigen ein. Manchmal kommen fünf an einem Tag, manchmal kommt wochenlang keine. Wir schwärmen aus an unterschiedliche Orte: ein Pflegeheim im Wedding, eine Wohnung in Berlin-Mitte oder ein Krankenzimmer im stationären Hospiz. Jetzt hat das Sterben einen Namen, notiert auf einem Formblatt mit rudimentären Informationen: Adresse, Geburtsjahr, manchmal die tödliche Krankheit. Bin ich vorbereitet für die Begegnung mit dem Tod?

Mein erster Einsatz ist im Hospiz, am Pfingstmontag gehe ich zum ersten Mal dorthin. Hospize sind aus einer Art Bürgerbewegung gegen das medikamentalisierte Sterben im Krankenhaus entstanden, ausgelöst von Cicely Saunders, die Ende der Sechzigerjahre in London das erste Hospiz gründete. Saunders war erst Sozialarbeiterin und Krankenschwester, dann Ärztin und Pionierin der Palliativmedizin.

In Hospizen ergänzen sich Laienhelfer und Profis. Ziel ist es, eine Situation zu schaffen, in der der Tod ähnlich erlebt wird wie im Kreis vertrauter Menschen. Hospize sind vor allem für Menschen gedacht, die allein sind. Nach dem Sozialgesetz steht in Deutschland jedem unheilbar Kranken ein Platz zu – sofern die Erkrankung fortschreitet, eine Heilung ausgeschlossen ist und die Lebenserwartung nur noch Wochen beträgt. Doch ein freier Platz ist ein Glücksfall, denn es herrscht Bettenmangel. Obwohl die Zahl der Hospize seit Ende der Neunziger bundesweit wächst, kommen in Deutschland insgesamt nur rund 3290 Betten auf 82 Millionen Einwohner. Nordrhein-Westfalen steht mit 62 stationären Hospizen im bundesweiten Vergleich an erster Stelle, Berlin nimmt mit 15 Hospizen den fünften Platz ein, verfügt jedoch prozentual über die meisten Betten pro Einwohner. In Bayern, wo die Familientraditionen am stärksten sind, stehen die wenigsten Betten zur Verfügung.

Jedes Hospiz führt eine Warteliste, ein freier Platz wird an den vergeben, der ihn am dringendsten braucht. Im Lazarus Hospiz gibt es 16 Pflegeplätze, das ist die gesetzlich festgelegte Obergrenze, um den familiären Charakter von Hospizen zu gewährleisten. Alle Hospize stehen unter pflegerischer, nicht ärztlicher Leitung. Darin ähneln sie den von Hebammen geleiteten Geburtshäusern. Wie im Bestreben nach einer sanften Geburt geht es auch in der Sterbebegleitung um eine intime, geschützte Atmosphäre fern der Hochleistungsmedizin. Aber während man bei der Geburt auf Informationen im Überfluss zurückgreifen und Kreissäle besichtigen, Kurse für Schwangerenyoga belegen und in der Geburtsvorbereitung Wehen wegatmen lernen kann, wird über das Ende kaum gesprochen. Über den Lebensanfang wissen wir viel, das Ende scheuen wir.

Als ich das Zimmer betrete, liegt Magda Hesse im Bett und schaut aus dem Fenster. Eigentlich heißt Magda Hesse anders, alle Namen der Verstorbenen und ihrer Angehörigen in diesem Buch sind geändert, um ihre Privatsphäre zu schützen.

Frau Hesse ist 81 Jahre alt und hat Lungenkrebs, so steht es in ihrer Krankenakte. Über ihrem abgemagerten Körper spannt sich die Haut, die Füße sind angeschwollen, voller blauer Flecke. Die wenigen Haare, die sie noch auf dem Kopf hat, stehen in alle Richtungen ab und haben eine schöne dunkelbraune Farbe. Ihre Augen strahlen.

Draußen reckt sich der Fernsehturm glänzend in die Junisonne. Das Zimmer wirkt wie ein normales Krankenzimmer: Bett, Schrank und Sessel, kleiner Esstisch, nichts Persönliches – bis auf das gerahmte Foto von einem englischen Bobby, das auf dem Nachttisch steht. »Mein Mann«, sagt Magda Hesse. »Ist 2000 gestorben.«

Die Unterhaltung stockt, also stelle ich Fragen: »Wie viele Jahre haben Sie in England gelebt?«, »Welcher Ihrer beiden Söhne hat die drei Töchter – der, der in Liverpool geblieben ist, oder der, der mit Ihnen nach Berlin kam?« Diese Art Kreuzverhör ist so ziemlich das Gegenteil dessen, was im Kurs gelehrt wird. Dort heißt es: »Aufnehmen, was da ist. Darauf eingehen, damit arbeiten.« Aber irgendwie muss das Gespräch doch Fahrt aufnehmen. Ich bin nervös, Frau Hesse wirkt belustigt. Sie schaut mich erwartungsvoll an.

Frau Hesse wird täglich von ihrem Sohn besucht, sonst kommt niemand. Seit einem Sturz kann sie nur noch mühsam laufen, lesen mag sie nicht mehr. Bleibt nur der Fernseher und mal ein Rollstuhl-Ausflug auf die Dachterrasse des Hospizes.

»Wie wäre es, wenn ich uns Eis hole?«

»Warum nicht.«

Wenig später essen wir wortlos Erdbeereis, nur das Kratzen der Löffel in den Bechern ist zu hören. Ob sie Wünsche hat, frage ich sie.

»Zigaretten«, sagt Magda Hesse und macht eine kurze Pause. »Ist doch egal, ob ich rauche oder nicht, ich sterbe ja sowieso.«

Bei meinem nächsten Besuch stecke ich ihr eine Marlboro zwischen die Lippen. Dass sie im Bett rauchen darf, gehört zu den Annehmlichkeiten eines Hospizes. Hier ist alles weniger festgelegt als im Krankenhaus. Hier macht der Patient die Regeln. Hier geht es nicht darum, das Leben zu verlängern, sondern die Qualität des verbleibenden Lebens zu steigern. Deshalb wird in Hospizen anders gestorben: wissender, besser vorbereitet. Wer ins Hospiz zieht, weiß: Hier gibt es keine Hightech-Medizin, nicht einmal weiße Kittel. Manche leben noch einmal auf und sortieren im Rückblick ihre Biografie. Dann stirbt es sich leichter.

Ich gebe Frau Hesse Feuer, sie saugt an der Zigarette. Beim zweiten Zug schafft sie es kaum, den Filter zwischen die Lippen zu stecken, so zittrig ist sie. Beim dritten Zug führe ich ihr die Hand und schlage dann vor, die Zigarette auszudrücken. »Muss ja nicht sein«, stimmt sie zu. Sie wirkt erleichtert – vielleicht, weil der Gedanke ans Rauchen schöner war als das Rauchen selbst.

»Wie geht's Ihnen heute?«

»Beschissen.«

Ich habe mir Sterbebegleitung anders vorgestellt. Poetischer und ein bisschen intellektueller. Als großartige Möglichkeit, von der Weisheit und Erfahrung zu profitieren, die Menschen im Laufe ihres Lebens und im Schatten des Todes ansammeln. Etwa so, wie man es bei Mitch Albom in *Dienstags bei Morrie* liest. Albom erzählt, wie er in Gesprächen am Sterbebett seines ehemaligen Lehrers lernt, das Leben neu zu betrachten und zu verstehen. Doch anstatt solcher Kleiner-Prinz-Weisheiten lerne ich an diesem Nachmittag etwas Besseres: den eigenen Turbo-Lebensrhythmus der langsamen Gangart eines verlöschenden Menschen unterzuordnen. Raum und Zeit verschwinden dann, die Welt entfernt sich kolossal, und ich trete so stark mit mir selbst in Verbindung wie sonst nie. In den Stunden bei Magda Hesse entferne ich mich vom Rest der Welt so weit, als wäre ich auf einem Tiefseetauchgang. Im Hospiz bin ich gezwungen, mich komplett auf mich selbst zu verlassen, auf Intuition und Instinkt. Kein akademischer Grad, kein beruflicher Erfolg ist hier von Bedeutung, weder Status noch Reputation. Es geht um das Leben, um seine Schwere und Schönheit.

Magda Hesses Beine zittern plötzlich wie im Trommelwirbel. Ich lege meine Hand auf ihren Oberschenkel, bis das Zittern aufhört, und frage sie nach ihrem Lieblingsbuch.

Als ich ein paar Tage später mit einem Exemplar von *Jane Eyre* wiederkomme, sitzt Frau Hesse aufrecht im Sessel am Tisch. Der Fernseher läuft. Zum ersten Mal sehe ich sie nicht im Nachthemd, sondern in einem fliederfarbenen Strickpullover, den sie verkehrt herum anhat. In der leuchtenden Farbe wirkt Magda Hesse vital, aber das täuscht. Sie klagt, es gehe ihr schlecht. Immer wieder fallen ihr die sonst so lebhaften Augen zu.

»Ich bin müde vom Nichtstun, Tag und Nacht sind eins.«

»Sie wirken bedrückt. Was ist los?«

Sie sorgt sich um ihren Sohn, mit dem sie bis zuletzt zusammenlebte. Er ist Rentner, Anfang sechzig, alleinstehend. Alt genug, um für sich zu sorgen, doch Magda Hesse ist sicher: »Allein kommt er nicht zurecht. Der weiß nicht mal, wie man die Waschmaschine bedient.«

Dann ruckelt sie unruhig im Stuhl und stöhnt. Ich massiere ihre Schultern, »da stecken all die Sorgen drin, ja?« Hesse senkt den Kopf, genießt die Berührung und sitzt jetzt ruhig.

Zu Hause stelle ich *Jane Eyre* zurück ins Regal. Mit Romanen lässt sich die Einsamkeit am Ende des Lebens nicht vertreiben – und Sterben bedeutet absolute Einsamkeit.

»Der Tod ist schließlich nichts anderes als die Mitteilung

des Universums an das Individuum, nicht geliebt zu werden. Die Mitteilung, nicht gebraucht zu werden, dieser Welt egal zu sein«, hat der Schriftsteller Wolfgang Herrndorf in seinem großartigen, als Buch erschienenen Blog *Arbeit und Struktur* notiert. Es ist eine Chronik von der Krebsdiagnose bis zum Ende. Herrndorf war knapp fünfzig, als ihn ein besonders heimtückischer Hirntumor überfiel. Dreieinhalb Jahre hat er mit dem Krebs überlebt und so unsentimental darüber geschrieben wie kein anderer: »Ein großer Spaß, dieses Sterben. Nur das Warten nervt.« Er spricht im gleichen herben Ton vom Sterben wie vom Leben.

Im Juli, einen Monat, nachdem wir uns kennengelernt haben, verletzt sich Magda Hesse bei einem Sturz die Schulter. Jetzt bekommt sie starke Schmerzmittel und dämmert vor sich hin. Sie hat aufgehört zu sprechen und zieht sich in sich selbst zurück. Als ich ins Zimmer trete, sitzt sie teilnahmslos auf ihrem Stuhl, im Fernsehen läuft *Bei Anruf Liebe,* ohne Ton. Ich nehme ihre Hand, sie zieht sie zurück. Der Tag ist heiß und schwül, über dreißig Grad. Ich führe eine Schnabeltasse an Magda Hesses Mund, sie nimmt einen winzigen Schluck Wasser, dann noch einen, ganz langsam immer mehr. Als ich die Tasse absetze, gibt sie mir durch ein Zucken im Arm zu verstehen, dass sie mehr möchte. Nach einer halben Stunde hat sie ein Viertel der Tasse ausgetrunken. So viel Zeit für so wenig Flüssigkeit – unmöglich für einen Pfleger, sich diese Zeit zu nehmen, wenn er in einer Schicht gemeinsam mit einem Kollegen 16 Menschen zu versorgen hat.

Als ich drei Tage später komme, liegt Magda Hesse im Bett, die Augen geschlossen. Bei jedem Atemzug reißt sie ihren Kopf so heftig nach hinten, als hielte sie jemand gewaltsam unter Wasser gedrückt und sie käme nur mit letzter Kraft an die Oberfläche. Ihr Atmen wird von einem rasselnden Geräusch begleitet – das Todesrasseln der letzten Stunden. Durch die Bettdecke treten die Beckenknochen ihres abgemagerten Körpers hervor. Gelegentlich fährt ihr linker Arm durch die Luft, als wüsste sie nicht mehr, wohin damit. Die Füße sind bläulich verfärbt, das Blut transportiert nicht mehr genug Sauerstoff. Der Mensch stirbt nicht auf einen Schlag, sondern die Organe stellen nach und nach die Arbeit ein, wenn das Herz keinen Sauerstoff mehr durch den Körper pumpt. Den Anfang macht das Gehirn. Allmählich bricht die Koordination des Körpers zusammen. Als ich ihre Hand nehme, reagiert Magda Hesse nicht. Ihr Bewusstsein ist auf dem Rückzug, angeführt von ihrem Körper, der kaum noch Treibstoff hat. Magda Hesse ist dem Tod jetzt nah.

Ich verlasse das Hospiz in einem eigenartigen Zustand von Schwerelosigkeit – als wäre die Lebensenergie, die der sterbenden Frau entweicht, auf mich übergegangen. Ein paar Stunden später ruft eine Pflegerin an: Frau Hesse ist eben verstorben. Nur zwei Monate habe ich sie gekannt, aber in außergewöhnlicher Nähe und Verbundenheit.

Einmal hat eine sehr erfahrene Sterbebegleiterin im Kurs von der Magie des eintretenden Todes erzählt. Nur in Ausnahmefällen ist man als Begleiter tatsächlich dabei, wenn der Tod kommt. »Genießt den Augenblick, werdet nicht sofort aktiv, sondern kostet den Moment aus«, hat sie gesagt. Damals fand ich den Satz geschmacklos und befremdlich: aus dem Tod eines Menschen Nutzen ziehen! Ist es nicht unappetitlich, in fremden Sterbezimmern herumzusitzen, um das eigene Wohlbefinden zu steigern? Geht es bei Sterbebegleitung nicht vorrangig um Hilfe und Aufopferung?

Inzwischen weiß ich: Von der Sterbebegleitung profitieren beide Seiten. Und das ist nicht verwerflich. Ich treffe Magda Hesse nicht als Ärztin, Pflegerin oder Psychologin, sondern als Ebenbürtige in einem Raum ohne Hierarchie. Wir begegnen einander in einer Extremsituation, und unser Verhältnis ist von einer Ursprünglichkeit geprägt, die sonst unter Fremden nicht vorkommt. Wir könnten Mutter und Tochter sein – ohne dass ich ihr mit dem Pflichtgefühl und dem Schmerz einer Tochter gegenübertrete und sie mir mit der Erwartungshaltung einer Mutter. Wir sind frei.

Am Tag, nachdem sie gestorben ist, besuche ich Magda Hesse ein letztes Mal. Vor der Zimmertür brennt eine Kerze, drinnen ist bereits alles ausgeräumt: Die Medikamente und die Toilettensachen sind weg, das Foto von ihrem Mann und der Morgenmantel. Nur die Fernsehzeitschrift liegt aufgeschlagen auf dem Tisch. Magda Hesse liegt angekleidet auf dem Bett, trägt wieder den fliederfarbenen Pullover, leuchtet. Ihre Füße stecken in Lederschuhen, die dünnen Beine schwimmen förmlich in der Hose. Aufgebahrt liegt sie auf dem Bett, die Hände über dem Leib gefaltet, darin eine rote Rose.

Ich ziehe einen Stuhl heran und setze mich neben sie. Der reglose Körper wirkt wie die verlassene Hülle eines Schalentiers am Strand. Wo ist die Anstrengung vom Vortag hin, wohin hat sich die Gewalt des Aufbäumens verflüchtigt? Ich glaube, irgendwo ballt sich die Energie dieser Frau. Wo und in welcher Form, weiß ich nicht, und in diesem Augenblick ist das nicht wichtig.

Wenn ich nach Momenten gefragt werde, in denen ich etwas Existentielles spüre oder mich eine große Kraft durchflutet, fallen mir als Erstes Meer, Wald und Berge ein. Angesichts der mächtigen Natur erscheint mir mein Platz im Universum klein und stimmig. Meine Vorstellung von Gott ist ein Gefühl von Zuversicht und Dankbarkeit. Hier, am Totenbett von Frau Hesse, verbindet dieses Gefühl das Sichtbare mit dem Unerklärlichen. Es ist gegenwärtig wie nie zuvor. Wenn man Gott irgendwo hören kann, dann im zeitlosen Raum am Bett eines Sterbenden.

Zwei Jahre nach Holgers Tod bin ich so weit. Jetzt kann ich tun, was damals im Strudel der Ereignisse nicht möglich war: Abschied nehmen. Zögernd berühre ich Magda Hesses kalten Arm und streichle ein letztes Mal über ihre Haut, spreche spontan ein Gebet.

»Man muss ein Herz haben für diese Aufgabe«, sagt Hussam Khoder, als nach der Sommerpause jeder im Kurs von seinem ersten Einsatz berichtet. Die Vertiefungsphase hat begonnen, wir sind Fortgeschrittene. Draußen verfärbt sich das Laub, es wird Herbst. Khoder ist 43 Jahre alt und kam als Zweijähriger aus dem Libanon nach Berlin. Als gläubiger Muslim betet er fünfmal am Tag in einer Moschee im Berliner Wedding. Er ist fest davon überzeugt, dass der Mensch im Jenseits zur Rechenschaft gezogen wird, deshalb tut er zu Lebzeiten Gutes. Khoder strahlt die treuherzige Unbekümmertheit eines tief in seiner Religiosität Verankerten aus – er wirkt unverfälscht wie ein frisch gebadetes Kind. Als er in der Moschee einen Aushang des Lazarus-Hospizdienstes sah, hat er sich beworben, obwohl er sich unter ehrenamtlicher Sterbebegleitung nicht viel vorstellen konnte. »So etwas wie Sterbebegleitung kennen wir in unserer Kultur nicht. Bei uns gibt es keinen einsamen Tod. Schon bei einer Grippe versammelt sich die Familie.«

Khoder hat einem jungen Flüchtling aus Libyen beigestanden, der sterbenskrank über Lampedusa nach Berlin kam, um sich hier medizinisch behandeln zu lassen. Khoder hat ins Arabische übersetzt, wofür die Ärzte keine Sprache hatten: dass sie für den Flüchtling nichts mehr tun können. Er hat die schreckliche Nachricht überbracht, aber den letzten Wunsch des 26-Jährigen konnte Khoder nicht erfüllen: einen Krankentransport zurück in die Heimat zu organisieren, um in den Armen der Eltern zu sterben. Nur einen Ersatz für das Handy, das ihm bei seiner illegalen Einreise abgenommen worden war, verschaffte er dem Flüchtling kurz vor dessen Tod – rechtzeitig, um von ein paar Menschen Abschied zu nehmen. »Ich hätte nicht gedacht, wie bedürftig Menschen am Ende ihres Lebens trotz des Wohlstands in diesem Land sind. Und welche Schwächen das Gesundheitssystem hat«, schließt Khoder seinen Bericht.

Zeit für eine kurze Zwischenbilanz in der Gruppe. Ich bin überrascht von der trivialen Seite des Todes, von seiner Einfachheit und Klarheit. Es geht nicht um existentielle Gespräche am Sterbebett, sondern darum, gemeinsam *Germany's Next Top Model* zu schauen oder Kuchen zu essen. Und ich bin erstaunt, wie wichtig Sinneseindrücke sind. Sterbebegleitung ist sehr unmittelbar und spontan, eine Art Reflextest auf die Intuition. Ich vertraue jetzt mehr auf das, was ich sehe und höre, als auf das, was ich weiß. »Dein Hirn ist eine Etage tiefer gewandert, ja?«, fasst Lydia meinen Eindruck zusammen.

Im Kurs sprechen wir jetzt zu Beginn jedes Treffens über unsere Begleitungen. Was irritiert dabei, was kann man besser machen? Der Fokus der Ausbildung verschiebt sich in Richtung Praxis. Nachdem wir anfänglich uns selbst besser kennengelernt haben, geht es nun darum, anderen Menschen dabei zu helfen, sich besser zu verstehen. Gesprächsführung ist jetzt Thema, etwa die Kommunikation mit Demenzkranken. »Positive Formulierungen verwenden. In kurzen Sätzen sprechen, pausieren, mehrfach wiederholen. Keine Babysprache«, notiere ich.

An einem anderen Tag üben wir miteinander *Reframing*, das ist eine verblüffend einfache Technik aus der Systemischen Familientherapie. *Frame* ist das englische Wort für Rahmen, *reframing* bedeutet also, einer Sache einen neuen Rahmen zu geben, den Blickwinkel zu verschieben. Es geht darum, Ereignisse – also das, was die meisten Menschen Realität nennen – aus einer veränderten Perspektive zu betrachten. Ein Beispiel: Ob wir jemanden, der sehr korrekt auftritt, als langweilig (negative Einschätzung) oder zuverlässig (positive Einschätzung) wahrnehmen, hängt von unserer Sichtweise ab – und führt zu sehr unterschiedlichem Verhalten gegenüber dieser Person.

Am Lebensende, wenn verstärkt unangenehme Erinnerungen an die Oberfläche kommen, lassen sich bedrückende Erlebnisse durch *reframing* umdeuten. Etwa, wenn jemand darüber klagt, seine Mutter habe sich ständig in sein Leben eingemischt. Der Hinweis, sie habe ihn beschützen wollen und es gut mit ihm gemeint, wirft ein wohlwollenderes Licht auf ihr Handeln. Alles im Leben ist eine Frage der Perspektive. Meistens sieht man nur das, was man zu sehen erwartet und gelernt hat, nicht das Unerwartete.

Auch Trauer und Rückschau sind im Kurs jetzt Thema. Wir schreiben einen Nachruf auf uns selbst – unvorbereitet und unter Zeitdruck. In einer halben Stunde die eigene Biografie würdigen: Ich schreibe drauflos. In meiner Skizze taucht der Satz auf, wie leidenschaftlich ich mit meinen Kindern rang, um sie von der Zeitverschwendung an elektronischen Geräten abzuhalten – eigentlich hoffe ich, dass man mir dereinst andere Dinge ins Grab nachrufen wird. Die Übung lässt ahnen, wie widersprüchlich die Bilanz am Lebensende ausfallen kann. Wie überwältigend muss so eine Rückschau erst sein, wenn das Ende tatsächlich erreicht ist.

Im November endet der Kurs mit einer Feierstunde. Ein letztes Mal ist die Gruppe intensiv mit sich selbst beschäftigt. Nacheinander nehmen wir auf einem erhöhten Stuhl Platz, es ist eine Art Thron, geschmückt mit einem goldgelben Samttuch, das leuchtet. Wir rufen uns gegenseitig Dinge zu, die uns gefallen und beeindruckt haben, Dinge, die wir aneinander schätzen. Begriffe wie Schönheit, Mut, Aufrichtigkeit schwirren im Raum herum, auch *Kämpferin für eine bessere Welt* und *Perfektionistin*. Lydia überreicht jedem ein Zertifikat, das die erfolgreiche Teilnahme am Kurs »Lebensbegleitung im Sterben« bescheinigt, und eine kleine Kristallkugel, um klarer sehen zu können. Wir essen zum letzten Mal gemeinsam in der Küche zu Abend, so, wie wir es in diesem Jahr regelmäßig getan haben. Die Gruppe trennt sich schwer – wir haben uns an einem seltsamen Ort kennengelernt und sind jetzt Verbündete. Ab jetzt treffen wir uns alle vier Wochen zur Supervision im Hospiz.

Aus der Küche kann man ins stationäre Hospiz hinüberschauen, ein Innenhof trennt die beiden gegenüberliegenden Gebäude. Als der Kurs im Frühjahr begann, hatte ich noch beklommen rübergeschaut und mich gefragt, was hinter den orangefarbenen Gardinen wohl gerade geschieht, jetzt gehe ich dort unbefangen ein und aus. So vieles ist in Bewegung gekommen. Ich spreche geläufig übers Sterben. (Es heißt ja immer, der Tod sei ein Tabu, aber das ist großer Mist und nur eines der zahllosen Klischees, die im Umlauf sind.) Ich schreibe immer wieder meinen Nachruf um. Ich überlege, welche Musik zu meinem Begräbnis passt. (Derzeit führt Mendelssohns *Der Herr wird die Tränen von allen Angesichtern abwischen* meine Todes-Top-Ten an.) Ich bemühe mich, langsamer zu sprechen (dringender Wunsch von Magda Hesse). Meine Kinder rufen mir fröhlich »Viel Spaß mit den Sterbenden!« zu, wenn ich ins Hospiz gehe (statt sich, wie anfangs, argwöhnisch zuzuraunen: »Jetzt geht sie wieder in ihr Sterbeseminar.«). Wenn Glück Erkenntnis und tiefes Erleben bedeutet, war das jetzt zu Ende gehende Jahr eins meiner besten.

Dieser Tage habe ich mit meinem Vater telefoniert – er ist 82 Jahre alt und lebt 599,5 Kilometer von Berlin entfernt. Zum ersten Mal erzähle ich von meiner Ausbildung zur Sterbebegleiterin. Er klingt erfreut: »Wie schön. Dann können wir ja endlich übers Sterben reden.« Das werden wir tun. Aber zunächst melde ich mich bei jemand anderem an.

Der Tod ballt
seine Faust

Na, Sie habe ich mir ganz anders vorgestellt«, begrüßt mich Thea Groll beim ersten Treffen. Sie ist klein und zart, auf ihrem Kopf kräuselt sich weißer Flaum wie bei einem Vogeljungen. Ich bringe eine Packung Duftsteine fürs WC mit, Zitronenaroma, die hat sie sich gewünscht. In der Wohnung stapeln sich Tüten und Säcke, die Unordnung wirkt wie eine Kapitulation. Groll ist 77 Jahre und lebt allein. Vor ein paar Monaten hat man Eierstockkrebs bei ihr gefunden und sofort operiert. Danach gab man ihr zu verstehen, es sei nichts mehr zu machen. Eine Chemotherapie zur Schmerzlinderung wurde abgebrochen, weil die alte Frau zu geschwächt war.

Ein paar Wochen lang haben wir uns nur am Telefon unterhalten, denn Thea Groll zögerte das Treffen hinaus. Sie wirkt misstrauisch und hat alle Termine abgewehrt, sogar am Wochenende passte es nicht, »den Sonntag halte ich privat.« Sich mit einer Sterbebegleiterin zu verabreden ist ein Eingeständnis.

Einmal habe ich mich aus dem Alltagsstress bei ihr gemeldet und den Anruf gedankenlos auf meiner Liste abgehakt. Sie hat die Hektik im Gespräch gespürt und mit ihrer Ostberliner Schnauze freiheraus gesagt: »Das macht doch alles nur Sinn, wenn eine gewisse Ruhe herrscht.« Ich habe mich ertappt gefühlt, denn natürlich hat sie recht. Die wahrhaftige und direkte Ansprache von Frau Groll hat starke Wirkung. Ich fühle mich auf die Probe gestellt wie von einer Zen-Meisterin.

Als wir uns zum Kennenlernen an den Esstisch in der Stube setzen, beginnt Thea Groll sofort zu erzählen: von ihrer Kindheit in den Ruinen des zerstörten Berlin und vom Vater, der seine Kriegstraumata an der Familie ausließ. Von den Jahren, als sie in der DDR Musik, Deutsch und Sport unterrichtete – und von der Demütigung, nach der Wende erneut eine Lehrerprüfung ablegen zu müssen. Von Schiller und Beethoven, ihren Helden, und von dem Bekannten drüben im Altersheim, den sie über Jahre täglich besucht hat, bis er starb. Von den kranken Kindern in der Charité, denen sie als Rentnerin ehrenamtlich Nachhilfe gab, und von ihrer Katze, die sie abgeben musste und nun schrecklich vermisst. So viel wie bei diesem ersten Treffen wird Thea Groll nie wieder erzählen, und nach fast drei Stunden macht sie den Eindruck, es sei alles gesagt.

Beim zweiten Besuch hat sie das gute Geschirr aus dem Schrank geholt und Kaffee gekocht. Frau Groll stakst unsicher zwischen Küche und Stube hin und her und legt sich nach einer Weile aufs Sofa. Ihr Sterben hat begonnen, aber solange sie zu Hause bleibt, kann sie sich ablenken. Dreimal pro Woche kommt Hilfe von der Diakonie, dann wird sie gewaschen und versorgt. Aber fremde Leute in der Wohnung behagen Frau Groll nicht, sie ist misstrauisch. Neulich, erzählt sie, habe jemand geklingelt, um einen Badewannenlift einzubauen, das war so abgesprochen mit der Sozialarbeiterin. »Den habe ich nicht reingelassen, der hatte keinen Ausweis und kam viel später, als er am Telefon angekündigt hatte.«

Eine Woche später schlägt das Misstrauen in Bitterkeit um. Frau Groll drückt mir einen Ordner mit Krankenakten in die Hand. »Schauen Sie mal, was ich alles habe. So schlecht geht es mir. Ich kann nicht mehr hören und nicht mehr gehen. Wozu lebe ich eigentlich noch?« Auf einem Sessel stapeln sich Briefe von der Krankenversicherung. Die alte Frau soll ärztliche Bescheinigungen zur Kostenübernahme beibringen, aber ihr fehlt die Kraft. Ich verspreche, dort anzurufen – ein schwacher Trost, denn das Problem der Sterbenden ist größer: Sie fühlt sich ungerecht behandelt. Ihr Leben lang hat sie geschuftet und war ein anständiger Mensch. Und jetzt muss sie sterbenskrank darum betteln, dass man ihr Zuzahlungen für Windeln genehmigt und Krankentransporte erstattet.

»Da fragt man sich: Habe ich richtig gelebt?«, sagt sie, als wir uns am Esstisch bei einer Tasse Nescafé gegenübersitzen.

»Es gibt auch schöne Erinnerungen, oder?«

»Meine Erfolge im Badminton. Und das Akkordeonspielen.«

»Haben Sie Angst, Frau Groll?«

»Natürlich habe ich Angst. Ich weiß gar nicht, was ich noch denken soll.« Dann: »Frische Ananas würde ich gern noch essen.«

Draußen vor Frau Grolls Haus bringt die Oktobersonne das Herbstlaub zum Leuchten. Im Park gegenüber werden noch Getränke verkauft. Im Vorübergehen höre ich, wie zwei junge Mütter über einen Laptop gebeugt ein »Projekt« besprechen und Kinder lachen. Die plötzliche Helligkeit macht mich nach der Düsterkeit des Besuchs benommen, wie ferngesteuert laufe ich zum lebhaften Rosenthaler

Platz und sehe ein Paar silbergraue Nikes in einem Schaufenster. Ohne nachzudenken, kaufe ich Schuhe, die ich nicht brauche.

Im November wird Thea Groll vom Notarzt mit akutem Nierenversagen in ein Krankenhaus gebracht. Stark geschwächt kehrt sie ein paar Tage später in ihre Wohnung zurück und wird dort von einem sogenannten SAVP-Team versorgt – das heißt, eine auf Palliativmedizin spezialisierte Hausärztin koordiniert das Zusammenwirken von einem ambulanten Pflegedienst und Grolls Tochter Annette, die jetzt mehrmals pro Woche von auswärts anreist. Auch ein Apotheker aus dem Kiez ist dabei, er bringt Medikamente ins Haus.

Das Netzwerk, dem auch ich als Sterbebegleiterin angehöre, funktioniert. Und doch sind die Stunden, die die alte Frau allein in ihrer Wohnung verbringen muss, quälend. Über einen Portkatheter, der ihr im Krankenhaus unter die Haut gesetzt worden ist, wird sie mit Schmerzmitteln, Nährstoffen und Wasser versorgt. Der dazugehörige Beutel mit der Infusion befindet sich in einem schwarzen Rucksack, den sie bei jedem Schritt in der Wohnung mit sich tragen muss. Durch den Rucksack wird jeder Gang zum Problem – etwa zur Wohnungstür, wenn es klingelt.

»Treten Sie bloß nicht auf den Rucksack!«, schimpft Thea Groll, als ich mich zu ihr setze. Sie liegt, vor Kälte zitternd, auf dem Sofa, das Gesicht wachsweiß. Der Rucksack mit der Infusion lehnt am Kopfende. »Ist der Beutel schon leer? Ist er etwa umgefallen? Das wäre eine Katastrophe«, sagt sie angstvoll. Ich breite eine Wolldecke über ihr aus, mit zweien ist sie bereits zugedeckt.

Wir schweigen. Frau Groll stöhnt vor Schmerz.

Macht das hier Sinn? Wird das »bewusste Sterben« nicht schrecklich überschätzt? Ist das menschenwürdig – allein in der Wohnung dem Tod entgegendämmern? Was ist daran besser, als in der Krankenhausroutine unterzugehen? Und: Ist es nicht Unsinn, zu glauben, das Sterben lasse sich besser ertragen, wenn eine Wildfremde einem die Hand hält? Manche Menschen schlafen tatsächlich allein zu Hause im Wohnzimmersessel ein. Das klingt friedlich. Aber in den allermeisten Fällen ist der Tod ein roher, unberechenbarer Geselle. Niemand kann ihn verstehen, Sterben ist eine Naturgewalt wie die Geburt. In der manchmal bestialischen letzten Phase wird oft stillschweigend die Morphiumdosis hochgefahren, selbst wenn der Patient sich nicht mehr dazu äußern kann. Während das Land heftig über Sterbehilfe diskutiert, ist sie in dieser Form längst Normalität.

Anfang Dezember kommt Thea Groll wieder ins Krankenhaus, die Nieren haben erneut versagt.

»Wie geht's Ihnen heute?«

»Na, schlecht. Wäre ich sonst hier?«

Sie ist jedenfalls so weit bei Kräften, dass sie schimpfen kann. Die Tomatensuppe ist eine einzige Enttäuschung (zu scharf), der Salat eine wahre Zumutung (nicht klein geschnitten). Sich selbst mag sie auch nicht mehr leiden: »Ich erkenne mich nicht wieder, das ganze Gemecker ist eigentlich nicht meine Art.«

Sie willigt ein, in ein Hospiz zu ziehen. Eine Woche später gibt es einen freien Platz. Die Nachricht schlägt der Kranken auf den Magen. Das Hospiz liegt im Südwesten der Stadt, weit weg vom vertrauten Kiez. »Da kenne ich doch niemanden«, klagt sie. Überhaupt kann sie sich unter einem Hospiz nichts vorstellen.

»Da sind Sie viel ungestörter: Nachts weckt Sie keine Krankenschwester auf, und man nimmt viel mehr Rücksicht auf Sie«, erkläre ich.

»Und was wird aus meiner Wohnung? Der ganze Müll, der sich da gesammelt hat. Ich bin ja an und für sich keine Hausfrau.«

»Das wird sich alles finden, Frau Groll.«

Im Hospiz erkennt die alte Frau, dass sie nie mehr nach Hause zurückkehren wird. Jetzt geht alles sehr schnell. Sie begreift, dass sie sterben wird.

Thea Grolls Tochter ist angereist, ich verbringe den Abend mit ihr im Hospiz. Der Tochter jetzt beizustehen ist alles, was ich für die sterbende Frau noch tun kann. Ich hole eine warme Mahlzeit aus dem China-Restaurant und Shampoo, das Annette Groll in der überstürzten Anreise vergessen hat. Beim Essen unterhalten wir uns, plaudern, so gut es geht, gegen die rasselnden Atemzüge vom Bett her an.

Das neu eröffnete Hospiz ist elegant möbliert. Der gelbe Schirm der Stehlampe verbreitet gedämpftes Licht im Patientenzimmer, vor die Fenster sind geblümte Stoffvorhänge gezogen. An einer Galerieschiene hängt ein Foto von Frau Grolls Katze. Draußen im Gemeinschaftsraum, ein paar Zimmer weiter, werden die Gewinner einer Advents-Tombola ermittelt. Eine Gruppe sterbenskranker Menschen und ihrer Angehörigen sitzt auf Holzstühlen vor einem Flatscreen, auf dem ein Kaminfeuer flackert. Erster Preis: ein Hotelaufenthalt in Rostock. Zweiter Preis: ein Fahrrad. Dritter Preis: ein Dinner im Ritz-Carlton. Alle Preise sind gespendet worden und wohl eher für Angehörige und Personal gedacht. Man hört fröhliches Lachen, später spielt jemand ein paar Takte auf dem weißen Konzertflügel, der wie ein riesiges Stück Sahnetorte zwischen Teeküche und Fernsehecke klemmt.

Thea Groll nimmt nichts von alldem wahr. Ein Tropf versorgt sie mit starken Schmerzmitteln. Sie schläft und ringt nach Luft.

In ihrer Brust brodelt es, als kochte ein Riese Brei. Im Zimmer breitet sich sachte ein Geruch von Fäulnis aus. Bei Magda Hesse hatte ich den Eindruck, der Tod sei nichts, was man wirklich fürchten müsse: Sie zog sich immer weiter in sich zurück, bis sie irgendwann weg war. Doch Thea Groll wird niedergestreckt, brutal und gnadenlos. Ich lerne die erbarmungslose Seite des Sterbens kennen – die Faust des Todes. Aus Thea Grolls Mundwinkel fließt dunkler Schleim, wie ein grober schwarzer Wollfaden hängt er aus dem fahlen Gesicht.

Was ist ein guter Tod? Gibt es ihn? Ich will nicht plötzlich sterben, will Zeit haben, die Dinge des Lebens zu ordnen. Kontrollieren, was von mir bleibt. Ich möchte im besten Sinne aufgeräumt sterben – nicht unbedingt bei klarem Bewusstsein. Vor Schmerzen habe ich keine Angst. Seit mir ein Arzt bei einer höllischen Migräne Morphium direkt in die Vene gespritzt hat, weiß ich, dass auch der zermürbendste Schmerz sich blitzschnell in selige Entspannung verwandeln kann.

Sterben ist mehr als nur ein Übergang – es ist ein Prozess. Oft zieht er sich über Tage, Wochen und Monate hin. Das, was zuletzt passiert – wenn das System heruntergefahren wird und die biologischen Programme ablaufen –, schafft der Körper allein. Als Sterbebegleiterin bin ich in der Phase davor gefragt, wenn ein Einzelner dem Unausweichlichen gegenübersteht. Jeder hat seine eigene Vorstellung davon, was am Ende für ihn gut ist. Manche wollen bewusst Abschied nehmen, andere alleine sein.

»Man braucht gar nicht erst zu versuchen, sich einer Sache gegenüber rational zu verhalten, die es ihrerseits nicht ist: Jeder muss zusehen, wie er auf seine Art in der Verwirrung seiner Gefühle zurechtkommt«, steht in Simone de Beauvoirs sehr persönlichem Buch *Ein sanfter Tod*. Darin beschreibt sie das Sterben ihrer Mutter, der Titel ist sarkastisch zu verstehen.

Als ich aus dem Hospiz komme, ist es dunkel. Der letzte Eindruck von Thea Groll verfolgt mich: keuchend im Bett, den Kopf zur Seite gedreht, darunter ein Handtuch, das den Schleim auffängt. Warum muss der Mensch so leiden? Mir fällt ein Satz meiner Therapeutin ein, mit dem sie mir am Ende einer anstrengenden Sitzung zu angenehmen Gedanken verholfen hat: »Schildern Sie mir eine Szene, die für Sie das pralle Leben verkörpert.« Ich denke an einen Spätsommertag mit meinen Kindern im Strandbad Wannsee, wir sind die letzten Gäste, es dämmert schon. Zitternd vor Kälte, klettern wir die Leiter der Wasserrutsche hoch und rutschen auf dem Rücken liegend die Spirale hinunter, immer wieder, vor Vergnügen kreischend. In meinem Kopf überblenden die Bilder vom Leben den Tod. Wie auf einer Spielzeug-Zaubertafel löscht ein Bild das vorherige aus.

In der Nacht schrecke ich gegen drei Uhr aus dem Schlaf. Später erfahre ich, dass es die Stunde von Thea Grolls Tod war. Ich hadere mit meiner Rolle – weil ich zuletzt nur noch wünschen konnte: Hoffentlich ist es bald vorbei.

Die Hospizbewegung glaubt, man könne das Sterben fachmännisch bewältigen. Doch bei Thea Groll ging es nur noch darum, möglichst schnell hinüberzukommen. Natürlich gibt es auch das Ideal eines für alle Beteiligten guten, versöhnlichen, sogar herzerhebenden Erlebnisses. In solchen Fällen ist Sterbebegleitung die beste Form von Hilfe am Lebensende. Aber was ist mit all den anderen? Mit jenen Schwerkranken, die in ihrer Entscheidung von den Ärzten abhängig sind, ihren Tod jedoch selbst bestimmen wollen? Von Krebskranken höre ich, die bloße Möglichkeit der aktiven Sterbehilfe wäre ein großer Trost.

Der Schriftsteller Herrndorf hat sich dreieinhalb Jahre nach seiner tödlichen Diagnose mit einem Revolver erschossen. »Ich könnte mich nicht damit abfinden, vom Tumor zerlegt zu werden, aber ich kann mich damit abfinden, mich zu erschießen. Das ist der ganze Trick«, steht in seinem Buch. Einem, der so fest entschlossen ist, zu sterben, dass er sich einsam frühmorgens am Berliner Hohenzollernkanal eine Kugel in den Kopf jagt, wünscht man einen leichteren Tod. Aber wäre für jemanden wie Thea Groll aktive Sterbehilfe ein Gewinn gewesen? Hätte sie jemanden gebeten, ihr Leiden zu verkürzen, wenn sie die Wahl gehabt hätte? Wie eine Frau, die aus Angst vor Schmerzen für die Geburt ihres Kindes von vornherein Vollnarkose und Kaiserschnitt bestellt? Warum gibt es am Anfang des Lebens keine Scheu, in die Natur einzugreifen – am Ende aber schon?

Annette Groll lehnt den Gedanken an Sterbehilfe ab. Sie fand das Leiden ihrer Mutter unerträglich und kennt jemanden, der sich nach einer tödlichen Diagnose aus Angst vor Schmerzen ertränkt hat. Trotzdem sagt sie: »Als Angehöriger gibt man den anderen nicht auf. Ich glaube schon, dass Wunder möglich sind. Woher weiß ich denn, dass es wirklich nicht mehr besser wird?«

Wir sitzen in einem Berliner Café. Ein Jahr ist vergangen, seit ich im Lazarus Hospiz mit der Sterbebegleitung begann. Wie damals vor einem Jahr fegt ein starker Sturm über Berlin hinweg, diesmal entwurzelt er ganze Bäume. Vor zwei Monaten hat Annette Groll ihre Mutter beerdigt, jetzt löst sie die Wohnung auf. Hat sie mit dem Tod ihren Frieden gemacht? Da richtet sich die 52-Jährige entrüstet auf: »Der Tod ist die größte Zumutung des Lebens. Bevor jemand stirbt, muss er offenbar zerstört werden. Das ist beängstigend. Ich würde es gern milder sehen, aber das kann ich nicht.«

Letzte Dinge

Zucker oder Milch?«
»Danke, ich trinke ihn schwarz.«
Medard Kehl, katholischer Theologe und Jesuit, versorgt mich in der Mensa des Frankfurter Priesterseminars Sankt Georgen gastfreundlich mit Kaffee. In Kehls Apartment ein paar Stockwerke weiter oben, einer Denkerklause mit zwei Zimmern und Bad, gibt es keine Küche. Die Bruderschaft versorgt ihn, es ist seine geistige Familie, das Priesterseminar seine Heimat. Hier isst, schläft und lehrt er seit über vier Jahrzehnten. Kehl ist 75 Jahre alt und trägt als Vornamen den kaum noch gebräuchlichen Namen eines mittelalterlichen Heiligen. Mit seinem runden Gesicht und der randlosen Brille, in Wollpullover und kariertem Hemd wirkt er wie ein in die Jahre gekommener Chorknabe. 1976 hielt er an der Hochschule Sankt Georgen seine Antrittsvorlesung als Dogmatikprofessor. Damals hat er über Tod und Sterben gesprochen, das Thema liegt Kehl sehr am Herzen, in vielen Vorträgen, Büchern und Artikeln hat er es im Laufe der Jahre vertieft.

Pater Kehl kennt sich aus mit den letzten Dingen, und deshalb bin ich hier. Als protestantischer Laie und rationaler Mensch kann ich mir unter ewigem Leben und Auferstehung wenig vorstellen. Mit zehn oder elf Jahren hatten meine Kinder eine Phase, in der sie sich immer wieder vergewisserten, dass ich noch lange nicht sterbe und dass wir, wenn es so weit ist, alle in den Himmel kommen und uns im Gewimmel dort oben auch tatsächlich nicht verfehlen. Wie oft habe ich es ihnen damals versprochen. Aber sicher bin ich mir nicht. Ich möchte mehr darüber wissen, und Kehl wurde mir als Gesprächspartner empfohlen, weil er ein besonders kluger Geistlicher ist und zudem komplexe theologische Überlegungen lebensnah erklären kann. Einer, der Theorie und Praxis bestens vereint, weil ihm die pastorale Arbeit genauso wichtig ist wie die Lehre. Ob Kehl eine Vorstellung vom Himmel vermitteln kann, die mir bei der Sterbebegleitung hilft?

Nach der Stärkung in der Mensa steigen wir eine breite, geschwungene Steintreppe hoch zu Kehls Apartment. Im Vorraum steht ein zusammengefalteter Rollstuhl, den hat der Pater nach einem Unfall im Vorjahr gebraucht, als er beim Aussteigen aus dem Zug gestürzt ist und sich den Knöchel zertrümmert hat. Der Bruch ist gut verheilt, doch die Unsicherheit bleibt, noch heute setzt Kehl, ein zart gebauter Mann mit sehr großer Brille, seine Schritte bedächtig. Nach dem Unfall sei er fast ein ganzes Jahr damit beschäftigt gewesen, sich »körperlich zu ertüchtigen«, wie Kehl es formuliert. Eisern hat er sich im Park mit Übungen und Spaziergängen wieder in Form gebracht, anstatt sich im Rollstuhl von Studenten herumschieben zu lassen. Hätte er sich hängen lassen, wäre er sein restliches Leben auf Hilfe und den Rollator angewiesen.

Im Arbeitszimmer stehen zwei Stühle bereit, daneben ein Teller mit Keksen. Im Bücherregal fallen zwischen Reiseandenken und Grünpflanzen Fotos von Karl Rahner und Hans Urs von Balthasar ins Auge, Kehls Lehrer und theologische Leitbilder. Von der Wand hinter dem Schreibtisch schaut Jesus Christus, gemalt von Georges Rouault, aus wachen Augen in den Raum. Wir sitzen uns gegenüber und sind schnell vertraut miteinander, Medard Kehl ist ein offenherziger Mensch.

»Bereiten Sie sich in irgendeiner Form auf das Lebensende vor, Pater Kehl?«, beginne ich das Gespräch.

»Vor fünf Jahren war ich zum ersten Mal schwer krank, diese Erfahrung war eine Vorbereitung. Zwischen Leber und Galle hatte sich ein Tumor versteckt, den ein Spezialist glücklicherweise vollständig entfernen konnte. Meinen 70. Geburtstag habe ich kurz vor der Operation noch durchgezogen. Weil alle Freunde und Verwandte schon eingeladen waren. Ich hab' nichts verraten. Es war ein gelungenes Fest. Nur ein paar Ärzten unter den Verwandten fiel auf, dass ich nicht gut aussehe. Bei der Nachuntersuchung hieß es dann, ich sei geheilt. Kein Medikament, keine Chemo waren nötig, ein vornehmer Krebs. Aber die Operation hat einen Kollateralschaden ausgelöst, mein Organismus wollte nicht mehr anfangen zu arbeiten. Ich hatte Wasser in der Lunge, überall Ödeme, Atemnot, der Magen hat nicht gearbeitet, ich konnte nicht schlafen. Die sieben Wochen im Krankenhaus waren hart.«

Damals kam ihm der Gedanke an den eigenen Tod sehr nah. Zum ersten Mal ging es nicht darum, die Verzagtheit anderer auszugleichen, sondern sich der eigenen zu stellen. Tagsüber war Kehl abgelenkt durch Besuche und Bücher, die Konzentration war gut genug, um Romane zu lesen.

»Aber nachts! Da bist du allein, ausgeliefert. Ich habe dann den Rosenkranz gebetet oder Taizé-Lieder gesungen. Meine Hoffnung, meine Freude. Jesus, mein Licht. Das mache ich auch heute noch. Insofern bin ich bereit«, sagt er.

Wenn sogar Kehl, diesen tief im Glauben geborgenen Menschen, nachts im Krankenhaus das Gefühl von Verlassenheit überfällt, wie einsam fühlen sich dann erst andere? Mir kommt ein Mann aus dem Hospiz in den Sinn – ein ehemaliger Strafgefangener, der kurz nach seiner Entlassung an Krebs erkrankt ist und keinen Verwandten oder Freund hat, der ihm hilft. Ich frage mich, wie er wohl die Nächte übersteht.

Kehl, ein Rheinländer, strahlt die Lebensfreude eines ungebrochenen Menschen aus. Einer, der kein Scheitern erlebt hat und keine Enttäuschung. Schon mit 18 Jahren ist er Jesuit geworden, mit der Entscheidung hat er nie gehadert, im Gegenteil. Der Orden hat seinem Leben eine feste Struktur gegeben. Wenn Kehl heute über seine Krankheit spricht – so lebhaft und geradeheraus, als ginge es um eine Urlaubsreise –, dann klingt das nicht jammernd oder bitter. Sondern erstaunlich pragmatisch. Kehl ist seit fünf Jahren im Ruhestand, der Abschied vom Lehrbetrieb fiel ihm leicht, sagt er. Schwerer fiel es, nach und nach auf Vortragsreisen zu verzichten und schließlich auch die Gottesdienste aufzugeben, weil sie für ihn nicht mehr ohne Hilfe zu schaffen waren.

»So eine Krankheit zwingt einen, von vielen Dingen Abschied zu nehmen, oder?«, frage ich.

»Das hat bei mir schon vorher begonnen. Zum Beispiel ist mir bei Fahrradtouren aufgefallen, dass ich nicht mehr so gut mit den anderen mitkomme. Und im Sommer vor der Diagnose war ich in den Bergen, im Wallis. Es ging mir gut, aber ich stellte plötzlich fest, dass mir der Appetit verloren ging, obwohl da immer so gut gekocht wird. Ich habe gegessen, weil ich essen musste. Bei der Abreise habe ich gespürt, dass ich diese Berge, das Montblanc-Massiv, zum letzten Mal sehe. Da kam so eine Wehmut auf.«

»Wie hat die Erfahrung der schweren Krankheit Sie verändert, Pater Kehl?«

»Man wird sicher demütiger. Ich habe gelernt, um Hilfe zu bitten. Und ich könnte heute nicht mehr so vollmundige Vorträge halten.«

»Was daran erscheint Ihnen vollmundig?«

»Ich habe immer noch Gewissheit, dass es gut endet. Aber die Sicherheit, mit der ich früher die Fragen der Menschen beantwortet habe, ist weniger stark.«

Für einen Geistlichen räumt Kehl erstaunlich freimütig ein, dass die Sache mit dem Gottvertrauen auch für einen gläubigen Menschen nicht immer leicht und selbstverständlich ist. Er habe erlebt, wie gerade im Alter sich manches an gewohnten Glaubensvorstellungen verdunkelt, mehr zur Frage als zur Gewissheit wird. Dies gelte gerade auch für unsere Hoffnung auf das ewige Leben – so offenherzig hat Medard Kehl vor einiger Zeit bei einem Frankfurter Themenabend über »Würde im Alter« gesprochen.

Im weltlichen Berlin glaubt kaum einer ans ewige Leben, und man steht ziemlich allein da, wenn man den Tod nicht als brutalen und endgültigen Bruch definiert. Allenfalls auf diffuse Kompromissformeln wie »die Seele lebt in irgendeiner Form energetisch weiter« oder »alle Lebensenergie sammelt sich nach dem Tod im großen Strom des Lebens« kann man sich im säkularen Großstadt-Milieu einigen. Eher als an christlichen Werten orientiert man sich an Kants kategorischem Imperativ: Handle nur nach derjenigen Maxime, durch die du zugleich wollen kannst, dass sie ein allgemeines Gesetz werde. Der Gedanke an eine höhere moralische Instanz, vor der man sich nach dem Tod verantworten muss, erscheint hoffnungslos überholt. Von einem Jesuitenpater hätte ich Zweifel nicht erwartet, auch leise nicht.

Das, was Kehl in seinem Vortrag umrissen hat, ist von Gläubigen, katholisch und protestantisch, immer wieder zu hören: Besonders fromme, glaubensfeste Menschen verlieren auf den letzten Metern ihren Glauben. Es scheint schwer zu sein, sich im Angesicht des Todes den Glauben an Auferstehung und ewiges Leben tatsächlich zu bewahren.

Es ist Zeit für die großen Fragen:

»In einfachen Worten, Pater Kehl: Was erwarten Sie nach dem Tod?«

Statt eine Antwort zu geben, erhebt sich Kehl aus seinem Stuhl und kramt auf dem Schreibtisch ein kopiertes Blatt hervor. Es ist der Text eines schwedischen Mitbruders, der mit 83 Jahren gestorben ist und vorher aufgeschrieben hat, wie er sich den Moment des Übertritts vorstellt. Kehl liest daraus vor: »Ich liege auf dem Sterbebett, unendlich müde und kraftlos. Ich sehe die Umwelt durch den Schleier meiner matten Augen und sinke hinein in eine Einsamkeit wie nie zuvor, unerbittlich. Aber dann beginnt ein seltsames Gefühl der Vertrautheit in mir zu wachsen. Ich stürze hinein in etwas, das ich bereits kenne. Mit meiner Sehnsucht, meiner Ahnung, meinem Glauben bin ich bereits dort gewesen, jenseits des Äußeren der Dinge und der Geschehnisse. Ich entdecke so viel, das auf mich wartet. Alles Gute und Große, alle echten Werte meines Lebens gibt es da.«

Kehl legt das Papier beiseite und sagt: »So stelle ich mir den Übergang, den Transitus, vor. Besser kann man es nicht ausdrücken.«

»Und was stellen Sie sich konkret unter dem Himmel vor?«

»Sicher keinen überirdischen Raum oder jenseitigen Glückszustand, in dem all unsere Träume und Sehnsüchte wie im Schlaraffenland erfüllt werden. Inhaltlich ist es für mich das Fest der Versöhnung. Auch ein Fest der Befreiung vom Zwang des Nutzens. Im Himmel ist niemand genötigt, andere Geschöpfe zu Mitteln zu machen. Im Himmel tritt Freude am nutzlosen Dasein an die Stelle des Gebrauchens. Der Himmel ist ein Ort der Freiheit.«

»Begegnet man Gott im Himmel?«

»Gott bleibt unsichtbar, ich rechne nicht mit dem Angesicht des Vaters, sondern mit einer befreienden Atmosphäre der Liebe, in der wir versöhnt werden mit uns selbst und unserem Schicksal, auch mit dem, was nicht so gut gelungen ist.«

Solcher Unversöhnlichkeit mit sich selbst begegnet Kehl bei vielen alten Menschen, die er am Lebensende als Seelsorger begleitet. Da sei viel Verbitterung zu spüren, sagt er, über fehlende Liebe und trostlose Ehen, unerfüllte Sehnsüchte und so weiter. Ein bisschen was davon ließe sich vor dem Tod noch aufarbeiten, aber nie alles. Der Ort endgültiger Versöhnung mit dem Fragmentarischen und Ungelebten ist aus seiner Sicht der Himmel.

Vor einigen Jahren hat Kehl das Buch *Und was kommt nach dem Ende?* veröffentlicht. Darin heißt es: »Die Begegnung mit der richtenden Liebe Gottes führt jeden Menschen in die entscheidende Krise seines Lebens, weil sie seine Geschichte unausweichlich dem Maßstab Jesu unterstellt. Dadurch wird das Gericht zugleich auch Ort der Wahrheitsfindung: Da geht uns unverdrängbar auf, was nur Schein an uns ist, vertuschter Egoismus und abgelehnte Liebe.« Mit anderen Worten: Uns erwartet im Himmel eine Art Jüngstes Gericht, bei dem wir nur gewinnen können. Am Beginn des ewigen Lebens steht eine Konfrontation mit der eigenen Lebensgeschichte, die keine Abrechnung ist, sondern, ähnlich wie ein Kassensturz, Klarheit bringt. Im Himmel herrscht, wenn ich Pater Kehl richtig verstehe, absolute Meinungsfreiheit, und man ist getragen von der Kraft unendlicher Sympathie füreinander. Das klingt tatsächlich nach Paradies.

Himmel ist für Kehl im Grunde ein anderes Wort für Vollendung. Er setzt den Himmel mit dem endgültigen Ankommen aller noch so verworrener Lebenswege gleich. Das Bild von der »ewigen Ruhe«, also das älteste und volkstümlichste Bild vom Jenseits, hält Kehl dagegen für unpassend, weil es zu sehr auf Bewusstlosigkeit abzielt und nach endlosem Koma klingt. Aus seiner Sicht markiert der Tod das Ende unserer Biografie und eine Befreiung von der Zeit, wie wir sie kennen. Aber keine Biografie ist so unbedeutend, dass man sie abstreifen kann wie ein altes Kleid und dadurch die Seele frei würde für ein anderes Leben. Das Selbst wird durch den Tod nicht vernichtet, sondern verewigt. So ist der Himmel des Glaubens kein endloses Fortdauern dessen, was wir auf Erden waren. Kein Ort, sondern eine Seinsweise – ein Zustand größter innerer Freiheit. Ein Traum.

»Sind wir bald fertig? Ich werde jetzt müde«, sagt der Pater nach einer Stunde. Der Hochschulpark draußen vor dem Fenster liegt bereits im Dunkel, in der Mensa versammeln sich Studenten zum Abendbrot. Zweimal hat das Telefon während unseres Gesprächs geklingelt, dann hat Kehl es abgestellt. Viele Menschen suchen telefonisch oder in Briefen bei ihm Rat, zurzeit ist er hauptsächlich mit Kommunikation beschäftigt. Offenbar ist das Bedürfnis nach geistlicher Begleitung im katholischen Rheinland stärker als in Berlin. Doch auch hier spielt die Kirche in der Sterbebegleitung – ehemals ein zentrales Thema für Geistliche – keine große Rolle. Vielerorts fassen Sterbende heute leichter Vertrauen zu neutralen Ehrenamtlichen als zu Vertretern der Institution Kirche.

»Warum ist das so?«, frage ich Kehl.

»Priester gelten immer als Todesboten. Um dem zu entgehen, um die Gewissheit zu verdrängen, werden sie gar nicht erst gerufen. Erst wenn alles vorbei ist, bei Beerdigungen, ist die Kirche nach wie vor gefragt, ebenso bei Taufen. Beim Anfang und ganz am Ende des Lebens wird uns doch noch eine gewisse Kompetenz zugetraut.«

Medard Kehl wuchs in einer rheinisch-urkatholischen Familie auf, sein religiöses Potential ist gewaltig. Das Leben im Orden verschafft ihm Geborgenheit, es ist auf Werte ausgerichtet, die auch im Angesicht des Todes standhalten. Der Orden bietet gute Voraussetzungen, um in Würde zu altern und zu sterben.

»Gibt es einen guten Tod, Pater Kehl?«, will ich am Ende unseres Gespräches wissen.

»Das ist fraglich. Jeder Tod ist zunächst mal der Untergang des konkreten irdischen Daseins. So ein radikaler Abbruch bringt natürlich schmerzende Konsequenzen mit sich.«

Die Frage, was danach kommt – ob etwa die verstorbenen Eltern in einer ganz anderen, von Gott verwandelten Weise – leben oder nicht –, kann auch Kehl nicht abschließend beantworten. Niemand hat empirische Beweise, es bleibt eine Sache des religiösen Glaubens. Medard Kehl bringt in diesem Zusammenhang die berühmte Pascal'sche Wette ins Spiel, wonach es sich mehr lohnt, auf eine Existenz Gottes zu wetten als dagegen, denn der Gewinn durch den Glauben sei in jedem Fall größer als der Gewinn im Fall des Unglaubens. Letztlich geht es nicht darum, was der Verstand für wahr hält, sondern darum, wonach man sein Leben ausrichtet. Um die Geisteshaltung. Das ewige Leben ist Sinnbild für die Befreiung aus lähmenden irdischen Gesetzmäßigkeiten, es ist ein Bild, das mir hilft, über mich selbst hinauszuwachsen. Denn für einen Christen ist alles möglich, er ist frei, so verstehe ich die Botschaft aus dem Gespräch mit Kehl.

Die Empfänglichkeit für Religion – also das, was man Spiritualität nennt – ist zu fünfzig Prozent genetisch festgelegt, schreibt der niederländische Neurobiologe Dick Swaab in seinem Buch *Wir sind unser Gehirn*. Die Anlage zur Religiosität ist also eine Eigenschaft, die man in bestimmtem Umfang bereits bei der Geburt besitzt – unabhängig davon, ob man einer bestimmten Religionsgemeinschaft angehört oder nicht. Wie und ob sie sich entfaltet, hängt dann vom Umfeld ab, in dem man aufwächst. Vergleichbar mit der Muttersprache, die sich während der frühkindlichen Entwicklung in unsere Hirnkreisläufe einprägt.

Auf dem Weg zum Ausgang gehen Medard Kehl und ich einen Aufsatz kopieren, den ich mitnehmen will. Der Kopierer steht am Ende eines langen Korridors, in dem stockend die Deckenlampen anspringen, wenn man ihn schon fast durchquert hat. Als der Pater sein Kennwort in den

Kopierer eintippt und das Gerät anspringt, fühle ich mich dreißig Jahre zurückversetzt in mein Studium am Geschwister-Scholl-Institut für Politikwissenschaft in München. Auch dort habe ich in fahlem Neonlicht massenweise Aufsätze aus Fachzeitschriften kopiert, und es roch genauso nach Druckfarbe wie hier. Aus dem Studium erinnere ich vor allem Details über den Niedergang der kommunistischen Partei Frankreichs, über die ich meine Magisterarbeit geschrieben habe. Von anderen Themen, etwa dem Grundkurs über Aristoteles' *Nikomachische Ethik,* ist nichts hängengeblieben. Mit Anfang zwanzig fehlte die Dringlichkeit, sich theoretisch damit auseinanderzusetzen, wie man ein guter Mensch wird. Wäre ich damals bereits mit der Wucht des Todes vertraut gewesen, hätte ich von Aristoteles viel mehr begriffen. Es wäre nicht schlecht, die geisteswissenschaftlichen Fächer an deutschen Universitäten durch ein praktisches Seminar über Tod und Sterben zu ergänzen – ein Seminar wie »Death in Perspective« beispielsweise, das an der Kean University in New Jersey unterrichtet wird. Der Lehrplan reicht von den biologischen Grundlagen des Sterbens über Exkursionen in eine Leichenhalle und ein Krematorium, bis hin zur Frage, wie man ein Begräbnis organisiert. Der Kurs ist so populär, liest man, dass es eine lange Warteliste gibt.

Auf der Rückfahrt im Zug habe ich mehr Zeit als erwartet, die Begegnung mit Pater Kehl sacken zu lassen: Ein Hirsch ist vor die Lok gesprungen, das Triebwerk beschädigt. Mehrere Stunden steht der ICE-Sprinter kurz vor Braunschweig still auf den Gleisen, um uns herum dunkle Nacht. Besonders Medard Kehls Darstellung des Himmels als Ort größtmöglicher Freiheit und Wahrheit klingt nach. Als Ort, an dem endgültig klar wird, was Schein ist und was Sein. Auch die Betonung des Biografischen in Kehls Sichtweise überzeugt mich: Jede Lebensgeschichte ist einzigartig und in sich gut. Als Christ hat man genau einen Schuss, und das war's. Nachbessern geht nicht. Im Gegensatz dazu lässt die Wiedergeburtslehre den Einzelnen alle Lebensmöglichkeiten so lange ausschöpfen, bis er sein geistig-seelisches Ideal verwirklicht hat. Wäre das gut oder schlecht, in immer neuen Existenzen irgendwann den erfüllenden Lebenssinn erreichen zu können und so vollkommen zu werden, wie man es sich ersehnt? Zumindest wäre es eine Entlastung, in der Fülle der Möglichkeiten, die das Leben bietet, die eigene Identität zu finden. Politik studieren oder Philosophie? In der Stadt leben oder auf dem Land? Vollzeit arbeiten oder Teilzeit? Ein Kind oder mehrere? Entscheidungen lassen sich leichter in der Gewissheit treffen, auch eine zweite und dritte und vierte Chance zu bekommen. Und doch: Ist das wirklich erstrebenswert? Wird der irdische Leistungsdruck durch die Wiedergeburtslehre nicht vielmehr bis ins Jenseits verlängert? Ich stelle es mir ermüdend vor, immer wieder zurück auf die Erde zu kommen, bis die letzte Inkarnation erreicht und man erleuchtet ist.

Im christlichen Glauben finden alle Ambitionen mit dem Tod ein Ende. Wann immer das auch sein mag – es bleiben Ziele offen. Ich finde diesen Gedanken nicht schlimm. Ich weiß nicht, ob es nach dem Tod weitergeht, aber ich habe Hoffnung, dass es so ist. Es muss etwas existieren, das die sinnlich erfahrbare Welt übersteigt, etwas, das den Schund des Materiellen, die Trivialität des Offensichtlichen aufwiegt, davon bin ich überzeugt. Für den griechischen Philosophen Platon waren es unvergängliche Ideen wie die Idee des Guten oder der Gerechtigkeit. Allein die Tatsache, dass wir Fragen nach dem Sinn des Lebens stellen, rechtfertigt den Gedanken, sich nicht lediglich als vergänglichen Teil der materiellen Welt zu sehen – sondern die Existenz einer Seele anzuerkennen, der das biologische Sterben nichts anhaben kann.

Reifeprüfung

An einem kalten Wintermorgen stehe ich mit Helene am Kassenhäuschen des Botanischen Gartens. Helene ist groß und schlaksig, auf dem Kopf trägt sie eine Wollmütze, der schmale Körper verschwindet unter einem dicken Parka. Die Eintrittskarten liegen schon auf dem Tresen, als Helene ihren Schwerbehindertenausweis hervorzieht. »Den zeigen Sie mir nächstes Mal besser gleich«, grantelt der Mann an der Kasse. Ob er freundlicher wäre, wenn er wüsste, dass Helene nur noch zwei Monate zu leben hat?

Wir schlendern ziellos durch den Garten. Schauen in die Kronen jahrhundertealter Bäume, studieren die Schilder der Arzneimittelpflanzung und betasten dichtes Moos. Dann beginnt es plötzlich zu regnen, und wir flüchten in ein Gewächshaus voll riesiger Orchideen. In der feuchten Hitze erzählt Helene, dass sie sich jetzt einschließt, wenn sie zu Hause duscht. Das Krebsgeschwür in ihrer Brust hat die Haut durchbrochen, und niemand soll die Wunde sehen.

Helene ist Anfang vierzig und Mutter von zwei Kindern im Grundschulalter, seit zwei Jahren krebskrank. Zum ersten Mal begleite ich eine Frau im Sterben, die jünger ist. Kann ich das überhaupt – jemandem Unterstützung geben, dessen Leben äußerlich meinem eigenen sehr ähnlich ist? Finde ich die Balance zwischen Mitgefühl und Distanz? Menschen im mittleren Lebensalter sterben besonders schwer, sagen Psychologen. Weil sie bereits einiges ins Leben investiert haben und sich durch den frühen Tod um den Ertrag betrogen fühlen.

Helene wirkt äußerlich so ausgeglichen und freundlich wie die Frauen aus meinem Yoga-Kurs. Keine Spur davon, dass innerlich ein Haufen Zellen eine brutale Meuterei begonnen hat und immer mehr außer Kontrolle gerät. Helenes Sterben ist nicht so fern wie das der alten Leute, die ich bisher begleitet habe. Jemand, der aus der Mitte seines Lebens gewaltsam herausgerissen wird, stirbt anders als jemand, dessen Tod die logische Konsequenz eines vollendeten Lebens ist. Bei den einen wird das Leben in voller Fahrt abgewickelt, bei den anderen kommt es langsam zum Halt.

Als ich mich zum ersten Mal mit Helene verabrede, fällt mir ein Bilderzyklus des Schweizer Malers Ferdinand Hodler ein, der uns zur Vorbereitung auf die Sterbebegleitung gezeigt worden ist. In seinen Bildern hat Hodler das Sterben seiner krebskranken Geliebten Valentine Godé-Darel dokumentiert, eine ungewöhnlich schöne, junge, stolze Frau. Man kann sich der schonungslosen Darstellung ihres allmählichen Verfalls bis hin zum Totenbett kaum entziehen, die Wirkung der Bilder ist umwerfend. Es wird schwer sein, im Sterben irgendeinen Sinn zu erkennen, habe ich damals gesagt, und die Kursleiterin hat zustimmend genickt.

Wie Valentine ist auch Helene eine Frau mit starker Ausstrahlung. Obwohl Wangen und Lippen so fahl sind, als hätte die Chemotherapie alle Farbe aus ihrem Gesicht herausgewaschen, strahlen ihre Augen, sie lächelt viel und duzt mich beim ersten Treffen sofort. Wir treffen uns immer mittwochvormittags um elf, um diese Zeit ist außer Helene niemand zu Hause, so wünscht sie es sich für unser Gespräch. Durch die Fenster der Dachgeschosswohnung blickt man in dunkle, blätterlose Bäume. Ihre feinen Verästelungen wirken vor dem hellgrauen Himmel wie Adern und Venen eines Blutgefäßsystems. Die helle Wohnküche ist tadellos aufgeräumt – keine Spur mehr vom Chaos am Morgen, wenn Mann und Kinder unter Zeitdruck das Haus verlassen. Helene stellt Kaffee auf den Esstisch, ihre Bewegungen sind ruhig und konzentriert.

Vormittags sammelt Helene Kraft für den Rest des Tages, wenn die Energie der Kinder jeden Winkel der Wohnung füllt. »Die Ruhe am Vormittag tut mir gut. Ich genieße es, dass die Tage jetzt so leer sind.« Diese Vormittage unter der Woche sind Segen und Last zugleich. Wer hat schon Freiraum für ein Kaffeekränzchen um diese Zeit? Die meisten ihrer Freundinnen sind vormittags auf der Arbeit, dann ist Helene allein. Meistens lenkt sie sich mit E-Mails, Internetrecherchen oder Lesen ab, schreibt Tagebuch. Alle paar Stunden ruft ihre Mutter an. So wie Helene der Abschied von ihren eigenen Kindern bevorsteht, steht auch ihre Mutter vor der Trennung von einem Kind. Doch anders als Helene braucht sie nicht zusätzlich den Kummer der Eltern zu schultern.

Man stellt sich den Tod gern als sauberen Schnitt zwischen Sein und Nichtsein vor, zwischen Wachsein und Schlaf. Aber die Trennung zwischen Leben und Tod ist selten scharf. Vor allem bei einer chronischen Krankheit wie Krebs ist Sterben ein langer Prozess, geprägt von Bedürfnissen, die sich ständig ändern. Aber wenn es länger dauert, gewinnt sogar das Sterben etwas Gewöhnliches. Man geht einer Routine nach und füllt den Tag mit seinen Erfordernissen. Sterben wird eine andere Form von Leben, in dem die Kinder beschäftigt sind (oder nicht beschäftigt genug) und Freunde einen unterstützen oder auch nicht. Eine andere Form von Leben, in dem man seinem engsten Partner mal sehr nah ist und manchmal nicht. Wenn es gut läuft, füllt man als Sterbebegleiter ein paar Lücken. Gleicht ein bisschen aus, was zu kurz kommt, und ersetzt ein freundschaftliches Gespräch – möglichst so beiläufig, als wäre man zufällig rübergekommen, um etwas aus dem Haushalt auszuborgen, ein paar Eier zum Beispiel oder ein Buch. Sie habe sich eine Sterbebegleiterin gewünscht, weil sie sich jemandem von außen leichter öffnen könne als der Familie und Freunden, sagt Helene. Dann fragt sie: »Warum machst du das eigentlich: Sterbende begleiten?«

»Weil ich helfen kann und gleichzeitig eine Menge über das Ende des Lebens lerne. Dass wir jetzt hier zusammensitzen und uns kennenlernen, ist doch ein großes Privileg, oder? Kann natürlich sein, dass ich es verpatze und du mich kein zweites Mal einlädst. Kann aber auch sein, dass wir beide noch ein paar schöne Überraschungen miteinander erleben.«

Helene lächelt und fixiert mich so freundlich, als wollte sie mir Mut machen. Dann erzählt sie, wie eine Nachbarin neulich anerkennend festgestellt habe, ihre Haare seien ja gewachsen.

»Das soll heißen: Es geht dir also besser. Für mich klang es wie: Alles andere wäre ja auch zu schlimm für die Kinder. Ich hasse diesen Subtext. Nicht jeder kann das, was du machst.«

Mir fällt der wortgewaltige Autor Christopher Hitchens ein, der, an Speiseröhrenkrebs erkrankt, sein Sterben in dem Buch *Endlich. Mein Sterben* festgehalten hat. Hitchens, ein Amerikaner britischer Herkunft, beobachtete sich selbst ohne jede Sentimentalität dabei, wie es mit ihm zu Ende geht, seine Aufzeichnungen sind ironisch, drastisch und sehr wahrhaftig. An einer Stelle ist beschrieben, wie ihn die Direktheit aus der Fassung brachte, mit der ihn ein Freund darauf hinwies, er werde vor seinem Tod seine Heimat England wohl nicht wiedersehen. Auch die Distanzlosigkeit, mit der ihm angesichts der eigenen Krankheit die Leidensgeschichten aller möglichen Menschen aufgetischt wurden, als wären sie ein Trost, haben ihn irritiert. Hitchens hat darüber nachgedacht, ob es nicht möglicherweise einen Markt für ein Benimmbuch rund um den Krebs gibt, einen Leitfaden für Patienten und ›Mitfühlende‹, so steht es in seinem Buch. So ein Krebs-Knigge wäre vielleicht hilfreich, damit Gesunde und Kranke einander nicht brüskieren. Helene lacht, als ich ihr davon erzähle.

»Ich kann dir Hitchens' Buch gern leihen. Soll ich es nächste Woche mitbringen?«, schlage ich vor.

»Lass mal lieber, danke. Ich lese im Moment nur Kriminalgeschichten.«

Helenes Alltag besteht vor allem aus Disziplin. Frühmorgens zwingt sie sich, mit den Kindern aufzustehen, anstatt der Mattigkeit nachzugeben und liegen zu bleiben. Seit Monaten schläft sie mit aufgerichtetem Oberkörper, weil die Wunde im Liegen zu sehr schmerzt. Jeden Tag, egal, wie das Wetter ist, zwingt sie sich rauszugehen – und wenn es nur eine Viertelstunde ist. Sie sagt: »Auf jedem Spaziergang gibt es einen toten Punkt, den ich überwinden muss.« Zwischendurch ruht oder schläft sie und versucht die Intervalle zwischen den Schmerztabletten, die sie nimmt, so lang wie möglich auszudehnen. Sie möchte das, was ihr noch vom Leben bleibt, wach und in vollem Bewusstsein erleben. Nicht durch den Nebel starker Schmerzmittel. Schlaf und durch Medikamente sedierte Stunden erscheinen ihr als verschwendete Lebenszeit.

»Ist es nicht beruhigend, dass du etwas gegen die Schmerzen tun kannst?«, frage ich sie.

»Blöder Spruch, dass heute niemand mehr Schmerzen ertragen muss. Schon klar, es stimmt. Aber der Preis ist unfassbar hoch: Du kriegst vom Leben nichts mehr mit.«

Vor zwei Jahren hat Helene einen Knoten in ihrer Brust ertastet, seither erlebt sie das zermürbende Auf und Ab eines Krebspatienten: Bestrahlung und Operation, Chemo, Tumor weg, Tumor zurück, Chemo, Schmerzattacken, entzündete Wunden und dazwischen glückliche Phasen ohne Symptome, in denen sie ganz normal zur Arbeit ging. Helene ist gelernte Industriekauffrau und hat einen eigenen Bereich im Vertrieb eines Spielwarenherstellers geleitet, sie hat gern gearbeitet und viel. Als die Schmerzen größer wurden, ging es noch eine Weile von zu Hause aus, aber jetzt hat der Krebs in die Schulter gestreut. Das Wort »Metastasen« ist ein Synonym für Hoffnungslosigkeit und sicheren Tod. Helene spricht das nicht aus. Sie sagt: »Seit einem Monat bin ich krankgeschrieben.« Als ginge es vorüber und als wäre sie nicht schon viel länger schwer krank.

Ich denke an den Film *Letzte Saison – wenn es Zeit ist zu sterben*, eine Fernsehdokumentation über ganz normales Sterben im Kontext moderner Medizin. Nichts in dem eindringlichen Film ist gestellt, die Kamera hält nüchtern drauf – etwa, wenn eine der Protagonistinnen im Wohn-

zimmer ihren Nachlass ordnet und haufenweise Urlaubs-
fotos zerreißt. Der Ausflug in die Pfalz? Interessiert später
niemanden, ab in den Müll. Glückliche Tage in Rimini?
Kann später keiner nachvollziehen, weg damit. Jeder Riss
dröhnt lautstark im Film.

Die Kamera ist auch dabei, als in der Klinik die tödliche
Diagnose mitgeteilt wird: Bauchspeicheldrüsenkrebs. »Es
wird Ihr Leben verkürzen«, sagt der behandelnde Arzt.
Die Worte »Tod« oder »Sterben« fallen nicht. Vielleicht ist
seine verschämte Ausdrucksweise in diesem Fall richtig.
Jeder Mediziner entscheidet selbst, wie viel Wahrheit er seinem Patienten zu welchem Zeitpunkt zumuten will. Und
jeder Patient signalisiert, was er wann ertragen kann. Der
Grat zwischen dem Schüren berechtigter Hoffnung und
der notwendigen Zerstörung von Illusionen ist schmal, das
Verhältnis vom Arzt zum Patienten eine heikle Sache.

Doch viele Ärzte haben ihren Beruf aus dem Grund gewählt, weil sie dem Sterben etwas entgegensetzen möchten.
Sie wollen den Tod so lange wie möglich hinauszögern –
wenn sie ihn schon nicht beherrschen können –, und die
High-Tech-Medizin liefert die nötige Ausstattung dazu.
Wer Leben retten will, sieht jeden verlorenen Patienten
zwangsläufig als Scheitern. Der Historiker Philippe Ariès
hat das in seiner fulminanten *Geschichte des Todes* so formuliert: »Der Tod hat aufgehört, als natürliches und notwendi-
ges Phänomen zu gelten. Er ist ein Fehlschlag geworden,
ein business lost.« So kommt es, dass nur wenige Ärzte den
Tod freiheraus ansprechen.

»In den USA gibt es ja Medikamente, mit denen man
selbst entscheiden kann, wann man geht«, sagt Helene.

»Hast du mit deiner Ärztin darüber gesprochen?«

»Ja. Aber sie meinte, noch bin ich ja nicht austherapiert.«

»Austherapiert« ist eins dieser hässlichen Code-Worte aus der Krebswelt, die einem als Gesunder nicht begegnen. Es ist ein missverständliches Wort, denn es könnte ja heißen, man sei fertig therapiert, also gesund – im Sinne von ausgewachsen oder ausgebildet. Austherapiert bedeutet aber genau das Gegenteil. Es bedeutet, dass der Patient auf keine medizinische Maßnahme mehr reagiert. Dass es nichts mehr bringt, ihn zu behandeln. Für einen austherapierten Patienten beginnt die letzte Phase seiner Krankheit. Wenn er Glück hat, gerät er an Ärzte, die sich auf die Betreuung von Sterbenden spezialisiert haben – an Palliativmediziner. Solche Ärzte konzentrieren sich darauf, Leiden zu lindern anstatt Leben zu verlängern. Sie sorgen für Lebensqualität auf den letzten und vorletzten Metern. Bei ihnen hört man nicht Worte wie »austherapiert«, sondern Worte wie »die Hoffnung umlenken«. Das heißt, die Hoffnung auf Weiterleben in eine andere Richtung zu lenken – hin zu letzten beglückenden Erfahrungen im Leben, etwa dem innigen Austausch mit Angehörigen oder einem intensiv wahrgenommenen Naturerlebnis. So wie die Kuh, die im Fernsehfilm *Blaubeerblau* ins Hospizzimmer eines jungen Mannes geführt wird, dessen Kindheitserinnerungen an den Bauernhof der Großeltern zum Besten gehören, was ihm das Leben geboten hat. All das kommt hoch, als er die Hand auf die feuchte Kuhschnauze hält und, so erzählt der Film, wenig später glücklich stirbt.

In der realen Welt kostet es Zeit und Geduld, die Hoffnung zu einem Zeitpunkt umzulenken, der noch einen Unterschied macht. Beides ist im Klinikalltag selten. Und erfolgreich umgelenkte Hoffnung schlägt sich nicht in Statistiken nieder, die als Ausweis von Erfolg oder Misserfolg der Krankenhausleitung gelten. Zwar hat sich in der Hochleistungsmedizin viel geändert in den letzten Jahren, aber die umgelenkte Hoffnung bleibt im Klinikalltag Theorie. Sie ist ein schönes Ideal.

Plötzlich ist es Frühling, der letzte in Helenes Leben. Knallblau leuchtet der Himmel durch die Dachfenster, draußen blühen Tulpen und Narzissen inmitten von Beton und Asphalt. Wir trinken Tee aus einer Packung mit der Aufschrift »Balance für Körper und Seele«.

»Welche Ziele hast du für die nächste Zeit?«, frage ich.

»Genießen, was ich habe. Leben.«

Unsere Gespräche drehen sich in letzter Zeit hauptsächlich um den Alltag – um Schulen, Musikunterricht, Ferienplanung, solche Sachen. Helene fragt interessiert nach meinen Kindern, erkundigt sich nach einer wegweisenden Aufnahmeprüfung sogar per SMS, wie es lief. Wir reden über alles Mögliche, außer über Sterben und Tod. Nicht die Krankheit definiert unsere Treffen, sondern der Austausch von zwei berufstätigen Frauen mit Familien. Vermutlich denkt Helene viel mehr über ihr Ende nach, als sie nach außen hin zeigt. Eines aber gibt sie deutlich zu erkennen: Ihre Art zu sterben besteht in Lebenshunger und Weiterlebenwollen, als wäre nichts geschehen, und das ist absolut okay. Helene gibt mir Tipps für Fahrradtouren, empfiehlt Bücher und gräbt im Garten ihrer Mutter eine Pflanze als Trost für mich aus, nachdem ich ihr aufgebracht erzählt habe, dass in unserer Nachbarschaft fünf ausgewachsene Bäume ohne Not gefällt worden sind. Manchmal wirkt es, als hätten wir die Rollen getauscht, als unterstützte nicht ich

Helene, sondern sie mich. Als könnte sie durch ihren wachen Verstand und ihre Stärke etwas ändern am körperlichen Verfall. Als verhandelte sie mit dem Jenseits einen Aufschub – wie der Ritter in Ingmar Bergmans Film *Das siebente Siegel*, der den Tod im Schachspiel herausfordert und weiterleben darf, solange er ungeschlagen ist.

Nur ein einziges Mal, bei unserem ersten Treffen, kommt die Frage auf, wie sie den Abschied von ihren Kindern gestalten will. Ob sie ihnen Briefe schreibt oder irgendetwas für später vorbereitet – etwa im Voraus Tonbänder für Geburtstage bespricht, wie es die Hauptperson in dem Film *Mein Leben ohne mich* tut. Oder eine Kiste mit Erinnerungsstücken zusammenstellt und auf diese Art festhält, was sie den beiden ideell weitergeben will. So was kennt man aus rührseligen Romanen: Wenn Achtzehnjährigen das kryptische Vermächtnis ihrer Mutter überreicht wird und sie sich daraus ein paar Lebensweisheiten zusammenreimen müssen. Der Tod ist ein Kitsch-Magnet, habe ich irgendwo gelesen, eine leere Fläche, auf die sich alles Mögliche projizieren lässt.

Helene hält nichts von Erinnerungsschachteln und Abschiedsbriefen. Das überrascht mich nicht, denn wie soll man überhaupt Briefe an ein Kind schreiben, von dem man nicht weiß, wie es sich entwickeln wird? Wie kann man überzeugend Liebe für ein Wesen in Worte fassen, das man nur ansatzweise kennt? Helene findet die Vorstellung, sich posthum in Erinnerung zu bringen, egoistisch: »Es gefällt mir nicht, mich nach meinem Tod ins Leben der Kinder zu drängen.«

Ich hätte mir denken können, dass rührselige Sterbeprosa in der Praxis unbrauchbar ist. Die Praxis sieht grausamer aus, dafür gibt es eine Menge eindrucksvoller Belege, zum Beispiel Marjorie Williams, Kolumnistin bei der *Washington Post*. Kurz nachdem sie mit 47 an einem seltenen Leberkrebs starb, ist eine Essay-Sammlung von ihr erschienen, *The Woman at the Washington Zoo*. Ein kleiner Teil davon beschäftigt sich mit ihrer Erkrankung und der Erwartung des Todes als Mutter von zwei Kindern, zwölf und neun Jahre alt. Sie habe versucht, ihr Leben so normal wie möglich weiterzuführen, schreibt Williams, »nur mit viel mehr Pfannkuchen«. An anderer Stelle schildert sie quälende Tage, an denen sie ihre Kinder buchstäblich nicht anschauen kann, ohne daran zu denken, wie es sein wird, wenn ihnen die Mutter abhandengekommen ist. »Was wäre, wenn sie sich nicht daran erinnern können, wie ich war? Wenn sie sich daran erinnern, aber die ganze Zeit trauern? Was, wenn sie nicht trauern?«

Williams allerletzter Essay handelt davon, wie sich ihre damals neunjährige Tochter zu Halloween als Rockstar verkleidet und durch die Verkleidung – silberne Plateauschuhe, ausgefranste Schlaghosen und viel Make-up – in einen Teenager verwandelt. Als Williams ihre Tochter strahlend aus dem Haus staksen sieht, überfällt sie der Gedanke, die Zeit fünf oder sechs Jahre nach vorne gedreht und einen Eindruck davon bekommen zu haben, wie das Kind einmal aussieht, wenn es abends ausgeht. »Einen Moment lang habe ich die Rolle der 52-jährigen Mutter gespielt, die ich vermutlich niemals sein werde«, lautet der vorletzte Satz. Und der letzte: »Es gelang mir spielend.« So traurigschön endet das Buch und wenig später Williams' Leben.

Gibt es etwas Schlimmeres, als in vollem Bewusstsein Abschied von den eigenen Kindern nehmen zu müssen?

Nur Romanfiguren können einen solchen Einschnitt rational und vorausschauend planen. In der Realität wird der Abschied so gut es geht verdrängt. Mehr noch: Man zieht sich zurück, entfremdet sich sogar, um loslassen zu können. Die krebskranke britische Menschenrechtsaktivistin Kate Gross hat das so beschrieben: »Ich werde von meinen Kindern langsam wegdriften, ob ich will oder nicht, weil mein Körper mich dazu zwingt. Dieses Wissen hilft mir – denn der Gedanke, mich von ihnen verabschieden zu müssen, solange ich ihre Hände noch halten kann, ist unmöglich.« Gross ist mit 36 Jahren gestorben und hat in den letzten zwei Jahren ihrer Krankheit das Buch *Der Zauber meines viel zu kurzen Lebens* verfasst.

Auch die britische Journalistin Ruth Picardie hat ihr letztes Lebensjahr mit einem Tumor beschrieben: *Es wird mir fehlen, das Leben* ist provozierend mitleidslos erzählt, ein großartiges Buch. Im Nachwort beschreibt Picardies Mann ungeheuer anschaulich den allmählichen Rückzug seiner jungen Frau. Insbesondere eine Szene vor dem Schlafengehen, als eines der zweijährigen Zwillingskinder beim gemeinsamen Singen vom Schoß der todkranken Mutter klettert, um sich lieber an Vater und Schwester zu kuscheln, geht unter die Haut. »Nicht noch einmal im Leben möchte ich etwas so Trauriges sehen müssen wie die zusammengekauerte Silhouette der armen Ruth in dem schmalen Lichtstrahl, der durch den Türspalt fiel, wie sie flüsternd die letzten Zeilen unseres Lieds sang.« Als er später bei seiner Frau nach Anzeichen bitteren Schmerzes für diese Kränkung sucht, findet er keine. »Ich glaube, sie hatte mit alldem schon ihren Frieden gemacht.«

Auch Helene, so kommt es mir vor, hat ihren Frieden

gemacht. Oder zumindest eine Form gefunden, mit der Gewissheit zu leben, dass nicht sie es sein wird, die mit ihrer Tochter spricht, wenn sie ihre Periode bekommt. Dass nicht sie es sein wird, der ihr Sohn die erste Freundin vorstellt. Dass jemand anderes darauf achten wird, den Kindern regelmäßig die Fingernägel zu schneiden oder Grießbrei zu kochen, wenn sie krank sind. Helene spricht nicht darüber, wie sie sich das Leben ihrer Kinder ohne sie vorstellt. Etwa die Sorge, die beiden würden ihre Mutter rasch vergessen. Oder sich so intensiv an sie erinnern, dass die Trauer scheußlich schmerzt.

»Sie ist durch die Krankheit versteinert«, wird Helenes Mann später, kurz vor ihrem Tod, ihren Rückzug beschreiben, und als er das sagt, klingt er erleichtert, dass sie eine Möglichkeit gefunden hat, sich selbst zu schützen und vielleicht sogar den Kindern den Abschied zu erleichtern. Vielleicht denkt er in diesem Moment an den Zettel, den Helene im Badezimmer als Mahnung für ihren Sohn aufgehängt hat. »Für jedes Buch, das du hier liegenlässt, nehme ich eins deiner Spielzeuge und spende es dem Kinderhilfswerk. Deine Mama«, steht in Druckbuchstaben drauf. Um loslassen zu können, hat Helene ihr Herz beizeiten verschlossen.

Eine der leeren Floskeln, die über den Tod im Umlauf sind, lautet: Jeder Mensch stirbt so, wie er gelebt hat. Was soll das heißen? Dass man am Ende die Quittung für seine miesen Taten bekommt? Oder wie im Mittelalter für ein gottgefälliges Leben belohnt wird? Der Medizinprofessor Gian Domenico Borasio, Frontmann beim Ausbau der Palliativmedizin in Deutschland und der Schweiz, hat den Satz in einem Interview mit der *Frankfurter Allgemeinen Zeitung* so erklärt: »Wer immer eine Kämpfernatur war, wird auch kämpfen bis zum Ende. Der Tod ist etwas sehr Individuelles.« Anders formuliert: Im Sterben kann man über das verfügen, was man sich an Charaktereigenschaften und Willen zu Lebzeiten angeeignet hat.

Helene hat in ihrer Jugend Leistungssport betrieben, hat es bis zur Olympiade in Moskau geschafft. Disziplin und Zähigkeit, Ausdauer und Unerschrockenheit von damals leben mit der Krankheit noch einmal auf. Einmal erzählt sie, ihr Sohn habe sich darüber empört, dass im Fernsehen jemand gesagt habe, er hätte keine Angst vorm Sterben.

»Und was hast du ihm darauf geantwortet?«, will ich wissen.

»Das kann schon sein, dass einer keine Angst vorm Sterben hat.«

Ein anderes Mal sagt sie beiläufig, als Betroffene könne sie einiges steuern. Sie hält sich die Angst fern, indem sie sich Sterben als etwas vorstellt, über das sie eine gewisse Kontrolle hat. Etwas, das sich mit eisernem Willen beherrschen lässt.

Kurz nach Ostern verabreden wir einen kleinen Ausflug in ein nahes Gartencafé. Unmittelbar bevor wir die Wohnung verlassen, nimmt Helene ausreichend Schmerzmittel, um den Spaziergang gut zu überstehen. Draußen blendet die starke Frühlingssonne, es ist über zwanzig Grad. Wir reden über die Sommerferien, die Helene gern auf einem Schiff im Nordmeer verbringen würde. Und dass sie vielleicht in eine klinische Studie zur Immuntherapie aufgenommen wird. Da werden Medikamente getestet, die noch nicht zugelassen sind. »Ich hab ja immer noch Hoffnung!«, sagt

Helene so heftig, dass es klingt, als fühlte sie sich schuldig und müsste sich für ihren Optimismus rechtfertigen.

»Was wünschst du dir jetzt am meisten?«

»Na, dass ich das hier ganz gut in den Griff kriege und vielleicht noch vier Stunden in der Woche arbeiten kann.«

»Die Arbeit bedeutet dir viel, oder?«

»Ich will was für meinen Verstand tun, das ist mir wichtig.«

Alle paar Monate fragt Helenes Chef per Mail vorsichtig an, ob ihre Stelle neu besetzt werden könne. Helene reagiert nicht darauf. Eine weitere Entscheidung steht an: Weil das Krankentagegeld ausläuft, wäre es am besten, jetzt die Frührente zu beantragen. Was wiederum dem Eingeständnis gleichkäme, nie wieder zu arbeiten. Also dem Eingeständnis zu sterben. »Dieser Papierkram«, sagt Helene, »auf den habe ich überhaupt keine Lust.«

Als wir uns später verabschieden, bin ich erschrocken, wie angestrengt Helene wirkt. Habe ich ihr zu viel zugemutet? Sie wehrt ab. »Mir hat es so viel Spaß gemacht, mal rauszukommen. Und ich bin ja hart im Nehmen.«

Später zu Hause, als ein unterzuckerter Teenager SOFORT etwas zu essen fordert, genieße ich die Banalität des Alltags. Aus Helenes mühevollem Leben kommend, erfüllt es mich restlos, Salamibrote zu schmieren. Bislang habe ich versucht, die Welt über den Verstand zu verstehen. Lesen, denken, Zusammenhänge herstellen. Sich die Wirklichkeit mit Willen, Intelligenz und Fleiß erschließen. In meinem Eifer, alles begreifen zu wollen, oft noch vor der eigentlichen Erfahrung, gerät der Augenblick des tatsächlichen Erlebens außer Acht. Manches will ich bereits erledigt haben, bevor es überhaupt stattfindet. (Das gilt, wie dieses Buch zeigt, auch für den Tod.) Freie Zeit nutze ich oft, um vorab etwas zu erledigen, das im Weg stehen könnte, wenn es zeitlich mal eng wird, etwa durch unvorhersehbare Termine oder Krankheit. Es ist paradox: Im steten Bestreben, Zeitvorräte für die unbestimmte Zukunft anzulegen, verliert sich der Kontakt zur Gegenwart.

»Soll man so hart arbeiten, wie man kann, oder soll man sich Zeit nehmen, an den Rosen zu riechen?«, hat die große amerikanische Autorin Nora Ephron in einem Essay gefragt, das sie mit 65 Jahren über das Altwerden schrieb. Ephron war Meisterin der Selbstbeobachtung, sie hat so ziemlich alles, was ihr im Leben widerfuhr, zu Artikeln, Romanen und Drehbüchern verarbeitet. Nur die Leukämie, an der sie schließlich mit 71 Jahren starb, hat sie bis zuletzt verschwiegen – um so lange wie möglich als gesunder, nicht als kranker Mensch wahrgenommen zu werden. Und um so lange wie möglich in der Filmbranche arbeiten zu können, wo man von todkranken Kreativen wenig hält, weil sie die Versicherungssummen von Produktionen in die Höhe treiben. Ephron zog es also vor zu arbeiten, statt an den Rosen zu riechen, aber in ihrem Essay räumt sie Zweifel ein, ob das die richtige Entscheidung ist: »Ich weiß es nicht. Ich glaube, das ist klar.«

Je mehr Zeit ich mit Helene verbringe, desto besser verstehe ich, worauf Ephrons Frage zielt. Zwar nehme ich mir immer noch sehr selten Zeit, an den Rosen zu riechen, doch gehe ich weniger achtlos an ihnen vorbei. Ich nehme ihre Pracht deutlicher wahr als früher, auch scheint sie mir weniger selbstverständlich.

Mein Leben ist schön, denke ich, wenn ich Familienfotos in Alben klebe und mich die Bilder an zurückliegende Momente erinnern. Helene lehrt mich, die Freude an diesen Momenten nicht nachzuholen, sondern unmittelbar zu erleben. Die Begegnung mit ihr hat mich aufmerksamer gemacht. Früher hatte ich ständig das Gefühl, meinem Leben hinterherzurennen. Heute sind wir deckungsgleich, mein Leben und ich.

Und was ist es, das ich Helene geben kann? Schwere, analytische Gespräche sind es jedenfalls nicht. Wir reden nicht viel über das Ende, denn wir wissen ja beide, dass es kommt. Auch praktische Hilfe erwartet sie nicht, denn Helene vermittelt stets den Eindruck, sie komme ganz gut alleine zurecht. Nein, meine Rolle ist es, Helenes Lebenshunger zu stillen. Ihr aus der Welt zu berichten, die immer unerreichbarer für sie wird. Bei unseren Treffen bleibt das Schlimme draußen – die Schuldgefühle gegenüber der Familie zum Beispiel oder die Trauer über das, was sie Stück für Stück verliert. Mit mir kann sie das Unverbrauchte spüren und Neues erfahren. Ein letztes Mal Freundschaft schließen.

Durch die unerwartete Begegnung mit anderen Menschen lässt sich Furcht in Freude verwandeln, heißt es. So empfinde ich jedenfalls, was ich mit Helene erlebe, und ich hoffe, ihr geht es ähnlich.

Atul Gawande, ein amerikanischer Chirurg, der nebenbei verdammt gut schreiben kann, hat in seinem Buch *Sterblich sein* notiert: »Der Tod ist nur dann nicht völlig sinnlos, wenn wir uns selbst als Teil eines größeren Ganzen sehen: Einer Familie, einer Gemeinde, einer Gesellschaft.« Für Freundschaft gilt das auch. Es ist schwer, nach Sinn zu suchen, wo vermutlich gar kein Sinn zu finden ist.

Am Ende zieht sich Helene, so habe ich es jedenfalls verstanden, zum Sterben zurück. Sie liegt auf der Palliativstation eines anthroposophischen Krankenhauses und reagiert wochenlang nicht auf meine Anrufe und Nachrichten. Eines Tages überfällt mich scheinbar aus dem Nichts heraus der Impuls, im Krankenhaus nach ihr zu fragen. Sie sei noch da, heißt es am Telefon, aber die Nacht werde sie kaum überleben.

Ich fahre sofort los in die Klinik am Rande der Stadt, frage mich zu ihrer Station und dem Zimmer durch, in dem sie liegt. Das Erste, was ich dort wahrnehme, sind feuerrote Turnschuhe auf grauem Linoleumboden. Dann ihre Mutter, die stumm auf einem Stuhl am Bettrand sitzt. Auf der gegenüberliegenden Bettseite ein Morphiumtropf, Sinnbild des modernen Tods. Schließlich Helene: Wachsweiß, abgemagert, teilnahmslos. Zum ersten Mal sehe ich sie ohne Wollmütze, an ihren Schläfen kleben nassgeschwitzte Haare. Sie atmet ruckartig, schaut mich einmal kurz aus weit aufgerissenen Augen an, dreht sich zur Seite ans Fenster, schläft. Kurze Zeit bin ich mit ihr allein, erschüttert.

Noch am selben Tag ist Helene gestorben, dem Tag, an dem ich intuitiv zu ihr gefahren bin und Abschied genommen habe. Jemand hat mal gesagt, nirgendwo sonst komme man Gott so nahe wie in der Begleitung von Sterbenden. Mein plötzlicher Impuls, Helene in ihren letzten Stunden aufzusuchen, gibt ihm recht. Der Geist des Menschen ist nicht allein mit feuernden Neuronen oder der reinen Materie des Gehirns zu erklären, davon bin ich umso überzeugter, je mehr Zeit ich mit Sterbenden verbringe. Es existiert viel mehr als das, was wir mit unseren Sinnen wahrnehmen. Warum wäre Robert Schumann sonst in der Todesstunde seines Bruders, der in weiter Ferne unvermittelt starb, aufgewacht und hätte den Klang einer Posaune vernommen? Den Komponisten hat dieses übersinnliche Erlebnis so nachhaltig geprägt, dass Posaunenklang in seinem Werk seither den Tod symbolisiert.

Bis kurz vor ihrem Tod hat sich Helene ihre Unabhängigkeit bewahrt. Nur einen Tag, bevor sie starb, hat sie letzte Kräfte mobilisiert, um ein paar lose Enden zu verknoten. Hat ihrem Chef geschrieben, er möge die Stelle neu besetzen. Hat sich bei mir bedankt: »Hallo Ilka, ich glaube, ich habe nur noch wenige Stunden zu leben. Keine Kraft mehr meinerseits. Liebe Grüße und danke für alles! Helene.« Ihre Textnachricht erreicht mich erst, nachdem sie gestorben ist, jedes Wort trifft mich mit ungeheurer Wucht. Ich bin sprachlos. Ihr hätte das gefallen, denn in unseren Gesprächen hatte Helene immer das letzte Wort.

Der jähe Tod

Wenn Karima Banit, eine zierliche Frau mit weichen, dunklen Locken, spricht, ist alles an ihr in Bewegung. Ihre Hände wirbeln durch die Luft, die Augen werden mal groß, mal klein, sie strahlt Vitalität und Leidenschaft aus. Ihren Alltag plant die 54-Jährige so, dass immer Zeit für einen langen Spaziergang bleibt. An manchen Tagen marschiert sie mittags, an anderen Tagen vor Einbruch der Dunkelheit zügig durch das waldreiche Viertel im Südwesten Berlins, in dem sie sich vor vielen Jahren mit einem Kosmetikstudio selbständig gemacht hat. Banit stammt aus Marokko, die Natur spielt seit ihrer Kindheit eine zentrale Rolle in ihrem Leben, doch erst seit knapp acht Jahren hat das Laufen an der Luft eine Dringlichkeit bekommen, die es vorher nicht besaß. Fast acht Jahre ist es her, seit Karima Banits Sohn Matthias bei einem Unfall ums Leben kam – ein schroffer Tod, jäh und unvermittelt wie ein Blitzschlag. Matthias war zwanzig, als sein Leben abrupt endete, er starb an der Schwelle zum Erwachsensein, vieles ist bruchstückhaft geblieben. Was macht das mit einem, wenn der Tod brutal unvermittelt ins Leben tritt? Wenn sich das Sterben eines geliebten Menschen nicht begleiten lässt oder gar logische Vollendung seines Lebens ist, sondern der Tod ohne Vorwarnung zuschlägt, ohne jeglichen Sinn?

Plötzlich war sie ein anderer Mensch, sagt Karima Banit, jemand, der sich wie ein Puzzle Stück für Stück neu zusammengesetzt hat. Ihre Geschichte ist beispielhaft für den Schock und tiefen Schmerz, den es bedeutet, ein Kind zu verlieren. Auch beispielhaft dafür, wie man ins Leben zurückfinden kann. Karima Banit erzählt sehr anschaulich und reflektiert, es fällt ihr nicht leicht. An manchen Stellen hält sie, von Tränen geschüttelt, inne und schließt die Augen, sie bebt. Noch heute, knapp acht Jahre später, entfaltet das Ereignis eine ungeheure Wucht.

Am sechsten August 2009 hatte ich mich vormittags mit einer Freundin verabredet, wir saßen draußen in einem Café, es war ein sehr schöner Tag, aber ich war unruhig. »Matthias hat vor einer Woche den Motorradführerschein gemacht«, habe ich zu meiner Freundin gesagt, »ich habe kein gutes Gefühl. Aber ich will ihm vertrauen.« Später habe ich dann im Studio gearbeitet, ein junges Mädchen und ihre Mutter waren für eine Behandlung da. Ich spürte, dass irgendetwas passieren wird an diesem Tag, deshalb legte ich mein Handy direkt auf den Tresen, das tue ich sonst nie. Und dann klingelte es.

Auf dem Display stand der Name Alex, das ist ein guter Freund von Matthias, ein Automechaniker. Ich wusste sofort, das bedeutet nichts Gutes. Der ruft nicht einfach so an! Ich wollte nicht, dass mich jemand beim Telefonieren sieht, und bin deshalb mit dem Handy in die Umkleidekabine gegangen, das ist ein winziger Raum, eine Art Schrank. Da drinnen habe ich Luft geholt und barsch »Ja« gesagt, mehr nicht. Alex war sehr aufgewühlt, er sagte mehrmals, es hätte einen furchtbaren Unfall gegeben, keine weiteren Details. »Was? Wie? Sag nicht so was!«, habe ich geschrien und dann gesagt, ich rufe gleich zurück. Wegen der Kundinnen habe ich versucht, mich zu beherrschen. Alle möglichen Szenarien schwirrten in meinem Kopf umher, ich war extrem verwirrt. War Matthias überfahren worden? Hatte er jemanden überfahren? Wie schwer war er verletzt? Würde er sterben? Ich schickte die Kundinnen fort und rief Alex zurück.

»Was ist mit Matthias? Wo ist es passiert? Ich komme sofort.«

Alex sprach jetzt von einem »üblen« Unfall, ein Wort, das ich nie benutze und das ich nicht mag. Er nannte den Namen einer Straße, und in meinem Kopf hat sich sofort das Bild von der Kreuzung entwickelt, wo es passiert sein könnte. Ein schreckliches Bild.

»Komm nicht! Komm auf gar keinen Fall!«, schrie Alex. Er wusste, dass Matthias tot ist, aber er hat es nicht geschafft, mir das zu sagen.

Dann war ich allein im Studio, total konfus und panisch, denn ich wusste ja nichts. Ich habe ständig telefoniert, um mehr zu erfahren. Mit meinem Mann, der an diesem Tag in Nürnberg war, dann wieder mit Alex, der zwischendurch nicht ans Telefon ging, dann wieder mit meinem Mann. Schließlich habe ich eine Bekannte angerufen, die Mutter von einem Jungen, mit dem Matthias im Kindergarten war. Diese Bekannte und ihr Mann hatten versucht, Matthias das Auto auszureden, das er unbedingt kaufen wollte. Die Versicherung für ein Auto ist viel zu teuer, haben sie gesagt, wie wäre es denn mit einem Motorrad? Das ist es dann geworden, mir hat es nicht gefallen. Aber Matthias war zwanzig und fuhr seit drei Jahren Auto, er fuhr sehr gut und wiegte uns in Sicherheit.

»Siehst du! Es ist passiert, ein schlimmer Unfall!«, habe ich ins Telefon geschrien. Meine Bekannte kam sofort ins Studio. Sie war bei mir, als ein Polizist anrief und fragte, ob ich die Mutter von Matthias sei. Es wäre sicher besser gewesen, wenn jemand persönlich gekommen wäre. Ich habe instinktiv sehr ungeduldig reagiert, ich wollte nicht akzeptieren, was jetzt kommt.

»Machen Sie es nicht so spannend, sagen Sie endlich, was passiert ist!«

»Es tut uns leid, aber Ihr Sohn ist verstorben.«

Da habe ich es zum ersten Mal gehört. Ich habe das Gespräch wortlos beendet und dann wieder meinen Mann angerufen. Es hat eine Weile gedauert, bis ich aussprechen konnte, dass unser Sohn gestorben ist. Es ist fürchterlich, diesen Satz zu bilden. Meine Bekannte hat mich dann zum Unfallort gefahren, aber dort war niemand mehr, alle waren schon im Krankenhaus. Was war passiert?

Man weiß es nicht genau. Sicher ist nur, dass Matthias in der Werkstatt von Alex neue Bremsen für sein Motorrad bekommen hat. Er ist damit noch auf dem Gelände probegefahren, um ein Gefühl für die Veränderung zu bekommen, den abrupteren Halt des Motorrads. Er hat Alex noch »bis später!« zugerufen, das waren seine letzten Worte, bis später. Dann ist er losgefahren, und kurz darauf hat Alex in der Werkstatt einen höllischen Krach gehört. Matthias lag unter einem Eisenschild, gegen das er geprallt ist, das Motorrad weit davon entfernt. Er hat offenbar die Kontrolle verloren, vielleicht, weil er mit hoher Geschwindigkeit gefahren ist, wir wissen es nicht.

Am sechsten August, dem Tag, an dem Matthias gestorben ist, kam sein Motorradführerschein mit der Post. Matthias hatte Geld dafür bezahlt, dass er schon vorher mit einer provisorischen Erlaubnis fahren kann, es war ihm wichtig, dass alles sehr schnell ging. Ein paar Tage nach der Fahrprüfung ist er abends auf der Autobahn gefahren, und als er nach Hause kam, klebten Insekten an seinem Helm, er wirkte entrückt. Alex, der auf der Autobahn mit dem Auto mitgefahren ist, hat mir später erzählt, es hätte einen sehr gefährlichen Moment gegeben. Ich glaube, an diesem Abend hatte Matthias den Tod vor Augen. »Ich habe Engel gesehen«, hat er mir gesagt, er war an diesem Abend wie berauscht. Er wollte die Geschwindigkeit, er wollte den Rausch.

Nach dem Unfall hat meine Bekannte mich zum Arzt gebracht, einem Anthroposophen. Er wollte mir ein Beruhigungsmittel geben, aber das habe ich abgelehnt. In der ganzen Zeit nach Matthias' Tod habe ich nichts genommen, nicht mal ein Aspirin.

Ich möchte meine Emotionen spüren und damit umgehen, ich möchte wissen, was ich tue. So bin ich. Auch zu einem Therapeuten bin ich nicht gegangen.

Der Arzt riet dringend davon ab, ins Krankenhaus zu fahren. Matthias sei da jetzt in Kühlung, so, wie er nach dem Unfall beieinander ist, hat er gesagt. Da habe ich Angst bekommen.

Zu Hause war ich eine Zeit lang allein, denn alle nahen Verwandten waren in Deutschland und Europa unterwegs. Ich weiß nicht mehr, was ich in diesen zwei Stunden gemacht habe, ich bin in der Wohnung wie ein Tiger im Käfig herumgelaufen, schreckliche Bilder von einem Unfall, den ich nie gesehen habe, im Kopf. Ich habe meine Eltern in Marokko angerufen, mein Vater war als Erster am Apparat. »Ça va, ma fille?«, hat er gefragt, wie geht's, meine Tochter? Er hat geschrien, als ich gesagt habe, was passiert ist.

»Warum sagst du das! Das kann nicht sein!«

»Vater, bitte schrei nicht. Du kennst meine Schwestern, die kriegen die Krise … «

Meine Schwestern sind sehr ängstlich, in bin die Stärkste in der Familie. Meine jüngste Schwester hat eine Zeit lang mit uns in Berlin gelebt, sie war sehr eng mit Matthias.

Abends war dann die Familie versammelt, auch mein großer Sohn aus meiner ersten Ehe in Frankreich ist gekommen, er ist neun Jahre älter als Matthias und lebt in London. Es war alles *so unwirklich, eine Phantomnacht. Wie sollte ich begreifen, dass der, der gestern noch bei mir war, jetzt in einem Kühlraum im Krankenhaus lag? Wir hatten zusammen zu Abend essen wollen, Matthias hatte sich eine Bolognese gewünscht. Woran er wohl gedacht hat, als es zu Ende ging? Ich wollte unbedingt wissen, was er als Letztes vom Leben mitgenommen hat. Und ich habe mir Sorgen gemacht, dass er sich sehr wehgetan hat. Es war seltsam: Er ist gestorben, und mich hat der Gedanke geschmerzt, dass er sich wehgetan hat und ich ihn nicht trösten konnte. So, wie man als Mutter auf die Wunde pustet, wenn das Kind sich ein Knie aufgeschlagen hat.*

Mit dem Verlust ändert sich das Leben von heute auf morgen vollkommen. Als ich in den Tagen nach dem Unfall manchmal rausging, um einzukaufen oder so, habe ich mich gefragt, weiß der an der Kasse jetzt, dass ich ein anderer Mensch bin?

Eine Zeit lang ist man dann sehr mit Papieren und Organisation beschäftigt. Man muss handeln und Entscheidungen treffen. Komischerweise hatte ich wahnsinnig viel Kraft in dieser Zeit vor der Beerdigung.

Wegen der polizeilichen Untersuchung haben wir erst eine Woche nach dem Unfall die Erlaubnis bekommen, Matthias zu sehen. Ich war mutig, denn ich wollte das Beste für meinen Sohn tun. Zum Glück hatte mir jemand eine extrem gute Bestatterin empfohlen, eine ungewöhnlich feinfühlige und kompetente Frau. Sie hat bei der Polizei ein Foto von Matthias nach dem Unfall gesehen und mir dann gesagt, es sei besser, wenn sie ihn allein anzieht.

Ich habe ein rotes Hemd herausgesucht, das Matthias sehr mochte, und Jeans. Sachen, die er in der letzten Zeit getragen hatte und in denen ich ihn vor Augen hatte. Ich wollte nicht, dass man ihm Schuhe im Sarg anzieht. Das war gut, wie sich später zeigte.

Als wir losgegangen sind, um von Matthias Abschied zu nehmen, war ich sehr aufgeregt. Und gleichzeitig habe ich mich auch gefreut, ihn zu sehen! Ich wusste, er ist tot, und gleichzeitig freute ich mich auf ihn, das war sehr trügerisch. Als ob ich ihn wieder lebendig machen würde. Wir waren zu fünft im Beerdigungsinstitut, mein Bruder ist mitgekommen. Wir haben Musik von Matthias' iPod gespielt, ein Mix aus arabischer Musik, die romantisch klingt, und Hip-Hop, diesen Musikmix von Matthias höre ich mir heute noch manchmal an, wenn ich spazieren gehe.

Ich konnte nicht als Erste in den Raum gehen und habe meinen älteren Sohn vorausgeschickt, zusammen mit Alex. Die beiden kamen mit ergriffenen Gesichtern und zitternden Lippen wieder raus. »Mama, du schaffst das«, hat Mehdi gesagt. Dann bin ich zu Matthias hinein – und das war ein ganz wichtiger Moment, denn ich habe sofort gespürt, die Seele ist nicht mehr in diesem Körper. Ich habe meinen Sohn so oft schlafen gesehen, aber hier war es anders: Er schläft nicht, sondern er ist nicht mehr da. Nur sein Körper bleibt. Es ist eine Gewissheit, die kein Buch und keine Wissenschaft geben kann, sondern allein die Erfahrung. In diesem Moment habe ich begriffen, was der Tod ist.

Ich habe angefangen, auf Arabisch mit ihm zu sprechen, habe »mein Schatz, mein Kind« und viele Zärtlichkeiten zu ihm gesagt. Nie hätte ich gedacht, ihn einmal tot zu sehen. Mein großer Sohn hatte dafür gesorgt, dass eine zusätzliche Decke über ihn ausgebreitet wurde, um die Knochen zu verbergen, die wegen der schweren Brüche herausstanden. Ich habe die Augenbrauen von Matthias gestreichelt, die Haut in seinem Gesicht war kalt und ein bisschen gummihaft, aber die Augenbrauen habe ich gern angefasst. Und ich habe seine Fußsohlen in meinen Händen gehalten, sehr lange habe ich die Füße gehalten, deren Nägel ich immer so gern geschnitten habe. Wie gut es war, dass Matthias im Sarg keine Schuhe trug.

Bevor der Sarg geschlossen wurde, bin ich noch ein zweites Mal hingegangen und habe Minze, Rosen und Rosmarin hineingegeben, auch Briefe. Ich habe meinen Sohn geschmückt, das hat gutgetan, er war ein so schöner Junge. Manchmal bedauere ich heute, ihn damals im Sarg nicht fotografiert zu haben. Andererseits habe ich das Bild immer vor Augen. Es hat sich eingebrannt.

Der Abschied im Beerdigungsinstitut war höllischer Schmerz und Befreiung zugleich. Dann kam die Beerdigung. Ich dachte, ich kann da nicht hin. Eine Mutter ist nicht dafür geschaffen, ein Kind zur Welt zu bringen und es dann zu begraben. Das ist absurd. In der Familie haben wir versucht, uns gegenseitig zu schützen, Tag und Nacht haben wir einander gewärmt. Und ich habe versucht, irgendetwas Gutes zu sehen: Matthias hatte ein schönes Leben und musste an keiner Krankheit leiden, er hat seine Eltern nicht verloren, ihm ist viel erspart geblieben – mit solchen Gedanken habe ich versucht, mich aufzurichten. Aber nichts hilft gegen den Schmerz.

Man kann nichts machen, nur irgendwie weiterleben. Anfangs hatte ich das Gefühl, innen hohl zu sein. Als wäre ich ein leerer Körper, der herumläuft. Und ich habe mich ganz stark entwurzelt gefühlt. Früher war ich eine Ausländerin, die nicht nur in Deutschland wohnt und arbeitet und gut integriert ist – sondern sogar ein Kind mit deutschem Blut hat! Matthias hatte mich verwurzelt, und diese Wurzeln waren jetzt gekappt.

In dieser Zeit habe ich sehr stark kulturelle Unterschiede gespürt, die andere Mentalität. Einmal wollte ich jemanden zur

Begrüßung umarmen, jemanden, der von Matthias' Tod wusste und auch, wie emotional bedürftig ich war – und trotzdem wehrte er die Umarmung ab, mit dem Hinweis, er habe einen Infekt. Matthias war vor einer Woche gestorben, und mir war es völlig egal, ob ich mich anstecke oder nicht. Eine Grippe war für mich das geringste Problem in diesem Moment. Die Kälte des Mannes hat mich verletzt. Steck mich nicht an mit deinem Unglück, so hat es auf mich gewirkt.

Manchmal hatte ich keine Lust weiterzuleben. Wozu noch leben? Ich werde keine Enkelkinder von Matthias haben, keine Enkel in meiner Nähe. Wie langweilig es ist, ohne Kinder erwachsen zu sein! Kinder lassen dich ewig jung bleiben. Nach Matthias' Tod hatte ich den Eindruck, auf einen Schlag sechzig zu sein oder hundert. Das ist bis heute so geblieben, ich fühle mich alt. Eine bestimmte Energie ist verloren gegangen, ich bin auch körperlich gealtert, zum Beispiel habe ich Rückenprobleme, die es vorher nie gab.

Nach dem Unfall habe ich sehr schnell wieder zu arbeiten begonnen. Im Nachhinein denke ich, das war falsch, ich hätte mir besser eine längere Auszeit genommen. Trauer macht dumm im Kopf. Da passiert was im Hirn, wie bei einem Schlaganfall. Ich habe nach Worten gesucht, bin vergesslich geworden, die Konzentration ist weg. Ich hatte kaum noch Energie und konnte ewig nicht entspannen. Aber ich habe ganz normal weitergemacht und versucht, mich nicht mit dem Schmerz zu identifizieren.

Und irgendwann beginnt dann tatsächlich eine andere Phase. Die erste Besserung habe ich auf einer Bali-Reise ein Jahr nach dem Unfall gespürt. Ich habe eine Ayurveda-Kur gemacht, und es tat gut, sich anfassen zu lassen, dort, am anderen Ende der Welt. Ayurvedische Massagen gehen sehr tief ins Gewebe, und

ich hatte das Gefühl, es werden Schicht für Schicht Trauerge-
fühle hinausgestrichen. Danach fühlte ich mich ein bisschen er-
leichtert.

Aber ich werde nie wieder der Mensch sein, der ich vor dem
Tod von Matthias war. Wenn ich heute Mütter mit kleinen Kin-
dern sehe, denke ich, hoffentlich passiert euch das nicht. Gott,
lass sie erst sterben, wenn sie alt sind. Diese Gedanken kannte ich
früher nicht. Ich habe das Schrecklichste immer vor Augen und
bin darauf gefasst, dass es jeden Tag passieren kann. Das Leben
ist unbeständig, es verläuft nicht linear. Der Tod von Matthias
hat mich darin bestärkt, auf den Bauch zu hören und meinen
Gefühlen zu vertrauen. Die Vorahnung, dass etwas Dramati-
sches passieren würde, war ungeheuer stark.

Der Unfall hat meine Sicht aufs Leben sehr verändert. Ich
war 46, als es passierte. Zwanzig Jahre dreht sich dein Leben
nur um das Kind – und dann endet es mit diesem unglaublichen
Verlust. Auf einen Schlag bricht die Zukunft weg. Das haut dich
um, damit musst du klarkommen. Manchmal habe ich versucht,
mich an das Leben zu erinnern, das ich hatte, bevor Matthias
auf die Welt kam. Karima, habe ich mir gesagt, du warst auch
mal ohne ihn! Das Vermissen ist so stark. Es ist ein körperlicher
Schmerz, und erst nach Jahren lässt dieser Schmerz nach.

Heute habe ich keine große Angst mehr, vor gar nichts, das ist
eine Art Befreiung. Schlimmer kann's nicht werden, weil ich ja
die existentielle Erfahrung bereits gemacht habe. Der Gedanke,
einmal zu sterben, berührt mich weniger als vorher. Seit dem
Tod von Matthias gehe ich nicht mehr zur Krebsvorsorge beim
Frauenarzt. Es ist mir gleichgültig geworden. Selbst zu sterben
ist unbedeutender, als sein Kind zu verlieren. Der Tod hat viel
mehr mit denen zu tun, die zurückbleiben.

Wenn ich in einem Restaurant sitze oder im Theater, schaue ich manchmal in die Gesichter um mich herum und denke, wir alle werden eines Tages sterben, also lasst uns besser miteinander umgehen. Ich bin achtsamer geworden und sehe den Sinn des Lebens klarer. Dass es wichtig ist, Verantwortung zu übernehmen im Kleinen wie im Großen. Verantwortung für sich selbst, für die Familie und für die Gesellschaft.

Und ich habe das große Bedürfnis, Natur und Liebe zu erfahren. Zur Natur habe ich eine sehr intensive Beziehung. Ich bin nicht religiös, das war ich auch vor Matthias' Tod nicht. Ich habe keine Antwort auf die Frage, wo er jetzt ist. Ich denke, da kommt nichts mehr. Ich würde sehr gern glauben, dass Seelen sich inkarnieren, aber ich weiß es nicht. Am Tag des Unfalls bin ich nachts noch einmal zum Unfallort gegangen, mit einem Freund, der Buddhist ist. Es war Vollmond. Die Seele von Matthias kreist jetzt an diesem Ort, hat mir der Freund erklärt, sie ist sehr verwirrt, weil ohne Körper. Das Herumirren, bis sie einen neuen Körper gefunden hat, dauert 49 Tage. Buddhisten sagen, die Seele ist jetzt im Bardo, dem Zustand zwischen einem Leben und dem nächsten, zwischen Tod und Wiedergeburt. Vielleicht hat mich das beeinflusst, denn in den ersten Wochen nach Matthias' Tod habe ich auf Spaziergängen oft stark empfunden, er sei geborgen in einer anderen Welt, bei anderen Seelen. Und ich hatte das Bedürfnis, ihm zu sagen: Weißt du, dass du gestorben bist?

Achtzehn Jahre, bevor Matthias starb, ist in Nürnberg mein Schwiegervater gestorben, auch auf der Straße. Er war 72 und hatte einen Herzinfarkt, als er einkaufen ging, er wollte Lebkuchen holen, weil wir bald zu Besuch kamen. Ich war dem Tod schon vorher begegnet, zum Beispiel, als mein Onkel im Meer ertrank, da war ich zwölf. Das war ein Schock, ich hatte gern *mit ihm gespielt, aber der Tod war weit von mir entfernt. Mit meinem Schwiegervater war das anders, sein Tod hat mich sehr mitgenommen. Es hat mich ergriffen, seine Sachen im Haus zu sehen, obwohl er nicht mehr am Leben war. Seine Präsenz noch zu spüren und gleichzeitig verstehen zu müssen, dass ich ihn nie mehr wiedersehe, ihn nicht mehr riechen und anfassen kann. Dass er nie zurückkommt und ich ihn nicht mehr anrufen kann. Damals war ich 27 und habe zum ersten Mal die Unberechenbarkeit des Todes erfahren. Jemand, der stirbt, ist weg, unwiderruflich.*

Eine Zeit nach dem Tod von Matthias habe ich mir ein Medaillon aus Silber anfertigen lassen, darin sind zwei Milchzähne meines Kindes, eine Locke von ihm als Baby und eine Locke, die ich abgeschnitten habe, als er im Sarg lag. Und ein kleines Stück Blatt von einem Baum mit Blut von Matthias ist noch darin, es lag nach dem Unfall auf der Straße. Das Medaillon ist fest verschlossen, ich trage es jeden Tag.

Wenn ich im Wald spazieren gehe, spreche ich manchmal laut mit Matthias. Dann sage ich seinen Namen in verschiedenen Intonationen und »Mama!« so, wie er es immer getan hat. »Mammma?« Ich mache das nicht oft und nur, wenn ich allein bin, ich will es hören, um mich an den Klang seiner Stimme zu erinnern. Ich will Matthias' Stimme nicht verlieren.

Die mit den
Bäumen spricht

Mary Bauermeister steht in der Küche und verrührt eine riesige Menge Magerquark. Zu ihren Füßen stehen mehrere Kilo Kartoffeln und ein paar Kürbisse. Die Künstlerin bereitet das Essen für den nächsten Tag vor, wenn sie, wie jeden ersten Sonntag im Monat, ihr Atelierhaus im Bergischen Land für Besucher öffnet. Diesen Sonntag wird über die Türkei diskutiert, an anderen Tagen führt auch mal ein Zauberer seine Kunststücke vor, oder man singt miteinander. Egal, was auf dem Programm steht, hinterher gibt es immer Kartoffeln mit Quark und Kürbissuppe für alle.

Mary Bauermeister ist eine bedeutende Künstlerin der Nachkriegszeit und die tatkräftigste 82-Jährige, die mir je begegnet ist. 1,80 Meter groß und das Gesicht von grauen Löckchen umspielt, sportlich gekleidet in weißen Hosen, Pullover und Halstuch, verströmt sie eine rustikale Herzlichkeit. Man fühlt sich sofort wohl in der Gegenwart dieser starken Person.

»Worüber reden wir heute noch mal? Über die Liebe?«, fragt sie.

»Nein, über den Tod.«

»Ach, das passt gut, denn ich habe kürzlich einen guten Freund verloren, einen wunderbaren Meditationslehrer. Er ist elendig zugrunde gegangen. Nach dieser Erfahrung habe ich meine Patientenverfügung geändert. Ursprünglich wollte ich keine Schmerzmittel haben, ein Leben lang bin ich ohne Schmerzmittel ausgekommen, aber jetzt werde ich sie wohl im Sterben akzeptieren.«

Dass Mary Bauermeister zum Tod (und auch zum Leben) eine Menge zu sagen hat, weiß ich aus ihrer Autobiografie *Ich hänge im Triolengitter*. Darin beschreibt sie ihr Leben mit dem Komponisten Karlheinz Stockhausen. Die beiden haben sich Anfang der Sechzigerjahre kennengelernt, als Bauermeister in ihrem Kölner Atelier die Avantgarde der Kunst zu Diskussionen und Performances um sich versammelte. Aus ihrem Buch spricht eine metaphysische Weltsicht, die mich neugierig gemacht hat. Bauermeister schreibt so glaubwürdig von Wiedergeburt und Seelenwanderung, so leidenschaftlich von Schutzengeln und anderen Welten, dass man sie unbedingt dazu befragen möchte.

Am besten nähert man sich Mary Bauermeister über einen Spaziergang durch ihren großen Garten, der nahtlos in Felder und Wald übergeht. Zwischen hochgewachsenen Bäumen, struppigen Büschen und wilden Blumen stehen Holzhütten und ausrangierte Zirkuswagen. Mittendrin im Garten liegt eine riesige, umgestürzte Birke am Boden, in die Äste hat jemand bunte Folien gehängt, laminierte Auszüge aus Büchern zum Thema Baum. Die künstlichen Blätter wirken, als wäre die waagrecht ausgestreckte Birke zu neuem Leben erweckt.

Äpfel und Quitten stapeln sich vor den Hütten, durch die Fenster sieht man ungemachte Betten. Rund um eine Feuerstelle sind Stühle gruppiert, die grob aus Baumstämmen herausgeschnitten wurden. Ein Gong ist zu sehen und ein großer Quarz. Auch Feldsteine, die zu Pyramiden aufgeschichtet sind. Eklektisch und magisch wirkt dieser Garten – ein in sich schlüssiger Raum, gestaltet von einem sehr autonomen Menschen.

Im Haus – ein Labyrinth in Weiß aus Glas und Treppen – wird dieser Eindruck verstärkt. Auf mehreren Stockwerken verteilen sich Klangschalen, Echorohre, Flöten und andere Instrumente, Insekten in Glaskästen, viele Steine. Vor den Fenstern brechen Objekte aus optischen Linsen hereinfallendes Licht. Gleich neben der Eingangstür fällt eins von Bauermeisters jüngeren Kunstwerken ins Auge: »Die Umkehrung der deutschen Flagge«, eine in Acryl auf Leinwand gemalte Deutschlandfahne, in der sie die gewohnte Position der Farben Schwarz und Gold vertauscht hat – so wie sie es auf einer kolorierten Federzeichnung aus der Zeit des Hambacher Festes 1832 gesehen hat. Im schwarzen Feld unten stehen auf Bauermeisters umgekehrter Flagge die Buchstaben ERDE. Das Kunstwerk ist symptomatisch für ihre Sicht auf die Welt: Mary Bauermeister stellt grundsätzlich die Dinge des Lebens auf den Kopf und respektiert nichts als gegeben. Sie ist eine Anarchistin im besten Sinne. Eine, die Normen missachtet, um in freien Räumen die natürlichen Dinge neu zu entdecken. Realität ist in Bauermeisters Welt nur eine Frage der Perspektive, es gibt keine Gewissheit, nirgends. Bei der Flagge hält sie die umgekehrte Farbreihenfolge deshalb für richtig, weil das Schwarz unten als Symbol der Erde nährend wirkt, während es von oben niederdrückt. Es macht energetisch viel mehr Sinn als andersherum.

»Energetisch« ist ein Schlüsselwort in Mary Bauermeisters Welt. Aus ihrer Sicht gibt es keinen Gott, sondern eine

umfassende Schöpferkraft. Vom katholischen Köln und liberalen Künstlertum gleichermaßen geprägt, fühlt sich die
Künstlerin nach einer stark atheistischen Phase heute keiner Religion mehr verbunden. Das Einzige, was ihr am
Glauben sympathisch ist, ist die Tatsache, dass man Dinge
für wahr hält, die eigentlich Unsinn sind. Dass er über das
wissenschaftlich Erklärbare hinausreicht. »Ich bin Pan-
theistin. Für mich ist Gott in allem, ich nenne es die Ur-
kraft. Es gibt nichts Totes, alles ist belebt – auch ein Stein
hat langsame Schwingungen um sich, jede Materie eine
Aura.« Stein, Tier, Pflanze, alles schwingt ständig in uns
mit, denn einige der unfassbar vielen Atome, die jeden Körper ausmachen, waren irgendwann früher Bestandteil eines
Baums, Bakteriums, Dinosauriers oder was auch immer,
davon ist Bauermeister überzeugt. »Jeder Mensch trägt
letztlich die gesamte Evolution in sich. Auf diesen Gedanken hat mich vor vielen Jahren eine Tante gebracht, die in
der Familie als sonderbar und versponnen galt. Weil ich als
Kind immer in Bewegung war, hat sie gesagt, ich sei sicher
früher mal ein Baum gewesen und freute mich jetzt, dass
ich auf zwei Beinen herumhüpfen kann, statt im Boden verwurzelt zu sein.« Die kühne Idee, zu unterschiedlichen Zeiten in unterschiedlicher Gestalt am Leben gewesen zu sein,
ließ Bauermeister nicht mehr los und hat sich irgendwann
zur Gewissheit verfestigt.

Schon sind wir mittendrin in den existentiellen Themen.
Was ist der Mensch? Was bedeutet der Tod? Was kommt
danach? Bauermeister, die so selbstverständlich einräumt,
auch mit Bäumen zu reden, als ginge es um eine Plauderei
mit dem Postboten, sitzt kerzengerade am Küchentisch.
Neunzig Minuten lang wird sie sehr viel sprechen und da-

bei sehr wenige Pausen machen. Man staunt, wie sie aus verwickelten Assoziationsketten punktgenau zum Ausgangspunkt einer Frage zurückfindet.

Nach ihrem Glauben an Reinkarnation und Wiedergeburt befragt, sagt die Künstlerin in einem Ton, der darauf schließen lässt, dass sie diesen Satz bereits etliche Male geäußert hat: »Ich glaube nicht daran, ich *weiß* es.« Bereitwillig erzählt sie von einem früheren Leben als Mönch in einem französischen Konvent. »Es muss im 17. oder 18. Jahrhundert gewesen sein, ich war ein ziemlich mieser Typ. Eines Tages wollte ich mich aus irgendwelchen ehrgeizigen Motiven umbringen, es war keine Verzweiflung, eher ein Bedürfnis nach Rache an den Mitbrüdern, die sich aus irgendeinem Grund schuldig fühlen sollten. Ich stürzte mich also vom Klosterturm und landete mit zerschmettertem Knie im Hof. Es war Sommer. Im Winter starb ich an den Verletzungen. Zwischenzeitlich haben meine Brüder mich auf liebevolle Weise gepflegt, und es tat mir ehrlich leid, so einen Unsinn gemacht zu haben.«

In ihrem heutigen Leben traten dann irgendwann Phantomschmerzen im Knie auf, für die kein Mediziner eine Erklärung fand. Eines Tages offenbarte sich Bauermeister ihre frühere Existenz als Mönch in Form einer Eingebung, eines Tagtraums oder wie man es nennen mag. Endlich war eine plausible Erklärung für den Knieschmerz gefunden. Seither stellt sie sich, sobald der Schmerz auftaucht, auf die Probe. Ist sie rachsüchtig oder arrogant gewesen? Hat sie selbstgerecht gehandelt? Immer lässt sich eine Verbindung zwischen charakterlicher Verfehlung und Knieschmerz herstellen – für Bauermeister ein willkommener Anlass, Fehlverhalten zu korrigieren. Dieses ständige Bestreben, sich charakterlich zu verbessern, beschreibt den Kern von Mary Bauermeister. Es ist das Wesen ihrer Existenz.

Denn aus Bauermeisters Sicht besteht der Sinn des Lebens darin, seine niedere Natur zu überwinden und ein Mensch zu werden, der aus edlen Motiven handelt. Ein Mensch, der sich an Grundsätzen wie Toleranz und Unvoreingenommenheit orientiert. Der verstehen will, ohne unbedingt verstanden werden zu wollen, und der nicht den eigenen Willen zum Maß aller Dinge macht. »Die Evolution vom Tier zum Engel« nennt Bauermeister das. Ethisch-moralisch ist sie noch längst nicht angekommen, wo sie hinwill, aber, das sagt die 84-Jährige voller Zuversicht, »ich leb' ja noch ein bisschen«. Zwar schmerze ihr Körper immer mehr, aber gleichzeitig werde sie mit jedem Tag glücklicher. »Weil meine Erkenntnis mich weiterbringt und ich in mir ein Ich destilliert habe, das strahlt.«

Wie kommt man bloß so weit? Wie schafft man es, am Ende seines Lebens so im Reinen mit sich zu sein? Indem man das ganze Leben als Schulprogramm versteht. Das hat sie erst kürzlich ihrer Enkelin zu vermitteln versucht, als die sich über irgendetwas geärgert hat. Jede Irritation, jeder Ärger sei eine Übungsaufgabe für den Menschen, hat Bauermeister dem Mädchen erklärt. »Versteh die Erde als eine Bühne, auf der die Seele Erfahrungen macht, an denen sie wächst. Eine Art Seelenradar verhilft dir zu dem, was du gerade brauchst – ein bestimmter Mensch, ein bestimmtes Buch, eine bestimmte Situation. Am besten führst du alles, was geschieht, auf dich selbst zurück. Suche keine Schuld bei anderen und verurteile nicht. Alles hat eine Ursache in dir selbst. Oder einen Sinn, der sich in Zukunft erschließen wird.«

Das irdische Schulprogramm läuft aus Bauermeisters Sicht auf einem ziemlich erbärmlichen Niveau ab, denn der Mensch hat längst noch nicht das erreicht, was in ihm angelegt ist. Noch immer dominieren niedere Instinkte wie Angst und Gier, die im Stammgehirn angelegt sind – jenem großen Hirnareal, das allen Reptilien gemein ist. Der Neocortex hingegen, ein hochentwickeltes Areal im Stirnbereich, ist vergleichsweise klein. Im Neocortex werden Sinneseindrücke verarbeitet und Informationen gespeichert, hier denken wir nach und entwickeln Pläne, hier steuert das Gehirn Handlungen wie Sprechen und Schreiben, hier entsteht unser Bewusstsein. Erst wenn der Neocortex sich weiter ausprägt, sind wir richtig Mensch, glaubt Mary Bauermeister.

Die wandernde Seele ist Dreh- und Angelpunkt in Bauermeisters spirituellem Weltbild. Der Tod, so könnte man ihr Weltbild zusammenfassen, ist nichtig, ein Zwischenzustand, nichts, das man fürchten müsste. Der Tod markiert kein Ende, sondern den Übergang der Seele von einem Ort zum nächsten. Der Körper ist nicht mehr als ein Ort, den die Seele bewohnt, er ist Reittier der Seele. Jedes Mal, wenn eine Seele in einen neuen Körper zieht, nimmt sie sich etwas vor. Sie macht einen Plan, und dieser Plan prägt unser Leben. Tier, Pflanze, Mensch – alles hat seine Aufgabe. Schafft man es, die Aufgabe zu erfüllen, kann man abtreten. Je mehr Bewährungsproben eine Seele bestanden hat, desto reifer ist sie. Eine reife Seele kann sich aussuchen, wo sie hineingeboren wird. Im unreifen Zustand geht das nicht. Unreife Seelen werden hineingeworfen ins Leben.

Mary Bauermeister spricht über Seelenwanderung so beiläufig wie andere über Blumendünger oder Busfahrpläne.

Sie ist sich ihrer Sache sicher. Man spürt, dass sie viel gelesen und immer wieder Rat bei spirituellen Lehrern gesucht hat. Die Suche nach Erkenntnis ist der Motor ihres Lebens und hat sich nun, am Ende, zu einer Essenz verdichtet, die man gern abfüllen und mit nach Hause nehmen würde. Als Heiltrank in schweren Stunden, als Remedium gegen die Angst vorm Tod.

Bauermeisters Weltbild ist unkonventionell, aber schlüssig. Dieser Frau zuzuhören macht glücklich. Man spürt, dass sie im Leben Außergewöhnliches erlebt und auch erlitten hat, dass sie es intensiv gelebt hat. 1934 geboren, hätte dieses Leben ganz anders verlaufen können. Bauermeisters Generation ist die Generation der Kriegskinder, sie ist von früher Konfrontation mit Hunger, Angst, Gewalt, Verlassenheit und Tod geprägt. Viele Kriegskinder sind später seelisch daran zerbrochen.

Andere, wie Bauermeister, hat die Zeit für Anarchie prädestiniert. Nach dem Krieg hat sie jedem Erwachsenen misstraut, hat an nichts und niemandem geglaubt, vor allem keiner Autorität. Sie war bärenstark, von der Mutter anerkennend »mein tüchtiger Bursche« genannt, wenn sie erfolgreich gehamstert hatte. Die Kriegszeit hat jenen Eigensinn gesät, an dem man Mary Bauermeister erkennt. »Ich habe vor nichts Angst in diesem Leben«, sagt sie heute, und man glaubt ihr aufs Wort.

Im Krieg ist Mary Bauermeister zum ersten Mal dem Tod begegnet. Nach einem Fliegeralarm lief sie mit ihrem Vater durch die Kölner Innenstadt und sah verbrannte Leichen in den Schuttbergen liegen. Die Leichen waren so klein, dass sie dachte, es seien Kinder. Bis der Vater ihr erklärte, die Menschen seien beim Verbrennen geschrumpft.

Der Großvater starb bei einem Fliegeralarm in Braunschweig. Die Familie hatte er in den Keller vorausgeschickt, er selbst wollte nur noch schnell in seinem Arbeitszimmer was holen, da fiel eine Hauswand auf ihn. Seine Familie hörte ihn noch zwei Stunden lang stöhnen. Sie habe das nicht mit großem Leid erlebt, sondern mehr beobachtet, erzählt Mary Bauermeister. Berührt hat sie der Tod erst im Fall ihres geliebten Vetters Henk, der sich bei Kriegsbeginn mit 18 Jahren freiwillig meldete und wenige Wochen später fiel. »Da habe ich bitterlich geweint.«

Das Sterben ihrer Eltern viele Jahre später hat die Künstlerin sehr bewusst erlebt. Der Vater – Arzt, Atheist und Anthroposoph – brachte sie auf dem Sterbebett mit Ringelnatz zum Lachen. Bei der Mutter hielt sie mit einem Pachelbel-Kanon Totenwache. Vorher hatte sie ganz Köln abgesucht, um mitten im Winter Himbeeren zu finden, die die Mutter so sehr liebte. Die Beeren hat sie der Sterbenden auf die Brust gelegt, damit sie den Duft einsaugen konnte.

Vor dem Tod ihrer Mutter hat Bauermeister Unterstützung bei ihrem spirituellen Lehrer, dem französischen Philosophen Frédéric Lionel, gesucht. »Bemühe dich um eine Zeit der Stille, denn der Körper braucht eine Zeit, um sich von der Seele zu lösen. Versuche, nach dem Tod mindestens drei Stunden bei ihr zu sein, wenn möglich drei Tage. Bereite eine Musik vor, das hilft der Seele, den Körper zu verlassen«, so Lionels Rat. Bauermeister nennt ihn einen »Eingeweihten«, ein Vorbild, dem sie nacheifert.

»Es ist eine wunderbare Erfindung, dass wir sterben. Ich finde es großartig, dass wir den Körper abgeben und wiedergeboren werden können, und sei es als Lichtkugel auf einem anderen Planeten. In allen Zuständen kann ich Erfahrungen sammeln und weitergeben, darauf kommt es doch letztlich an«, sagt Mary Bauermeister. Dann dreht sie sich abrupt zum Herd, wo gerade Milch überkocht, die sie für eine Kanne Yogi-Tee aufgesetzt hat. Die Wohnküche des Atelierhauses ist lichtdurchflutet. Ein paar ungeschmückte Adventskränze liegen auf dem robusten Holztisch, an dem wir sitzen, auch getrocknete Blätter und kleine Töpfe mit Blumenzwiebeln, die austreiben. Die Atmosphäre ist kein bisschen ältlich. Nur ein Zettel am Herd gibt einen Hinweis auf das Alter des Menschen, der hier lebt und so manches vergisst: »Gas abgestellt?«

»Ich freue mich auf mein nächstes Leben. Ich will Musikerin werden. Oder eine bessere Mutter«, beendet Bauermeister ihre Ausführungen über Seelenwanderung und landet übergangslos bei einer Jenseitserfahrung während einer Operation: »Ich trat plötzlich aus meinem Körper heraus und sah alles von oben. Es passierte innerhalb von Sekunden. Halt, du stirbst!, habe ich gedacht. Aber ich kann doch meine Kinder nicht allein lassen. Dieser Gedanke genügte, um mich in meinen Körper zurückzubringen. Ich habe gespürt, dass der Tod nur der Tod meines Körpers ist. Seither leide ich nicht mehr, wenn jemand stirbt, sondern freue mich. Im Sinne von: Er hat's geschafft.«

Man könnte jetzt einwenden, dass so ein Blick ins Jenseits eher die Einbildung eines Gehirns unter Stress ist – also ein molekularer Mechanismus. So sehen Wissenschaftler das. Sie beschreiben das Gefühl der Dissoziierung von Körper und Geist als vorübergehenden Ausfall der Informationsverarbeitung, der auch unter Einfluss bestimmter Drogen wie Ketamin zu beobachten ist. Man weiß, dass außerkörperliche Erfahrungen entstehen können, wenn das

Gehirn nicht ausreichend mit Blut und Sauerstoff versorgt wird. Der Sauerstoffmangel kann neuronale Botschaften verändern, die das Hirn aufgrund von Sinneswahrnehmungen aussendet – und daraufhin jene Empfindungen grenzenloser Glückseligkeit auslösen, die von Menschen mit Nahtoderfahrungen vielfach beschrieben worden sind. Fast immer wird von einem Licht-Tunnel berichtet, in den man hineingezogen wird. Auch dass man aus seinem Körper hinaustritt und die Szene von oben betrachtet, ist oft geschildert worden und dass man wie in einem Film blitzschnell rückwärts durch sein Leben geht. All das könnte man also einwenden – wäre Mary Bauermeister nicht so ungemein mitreißend in ihrer Darstellung und würde sie beim Reden mal eine kurze Pause machen, die einen Einschub zuließe. Aber Bauermeister redet ohne Punkt und Komma, sie läuft über von der Fülle des Erlebten und Erkannten, die Sätze fließen nonstop in aberwitzigem Tempo aus ihr heraus.

Das Haus, in dem wir zusammensitzen, bezeichnet Bauermeister als ihre Vergangenheit. Sie nutzt es zum Arbeiten, für Familienzusammenkünfte, Veranstaltungen und vor allem als Aufbewahrungsort für eigene Werke aus über sechs Jahrzehnten. Sie hofft, dass jemand das Haus übernimmt und der Öffentlichkeit zugänglich macht. Ihr Lebensmittelpunkt ist jetzt ein altes Gestüt in der Nähe, das sie vor ein paar Jahren gekauft hat und sukzessive ausbaut.

Der Grund für den Umzug ist eine bizarre Geschichte. Und die geht so: In der Nacht zu ihrem 78. Geburtstag sitzt Mary Bauermeister aufrecht im Bett und wartet auf den Tod. Bester Stimmung und voller Neugierde wartet sie auf das, was kommt. Seit ihrer Kindheit ist sie überzeugt, sie werde in dieser Nacht sterben. Alle nötigen Vorkehrungen sind getroffen: Ein Testament ist gemacht, Schulden sind bezahlt, doch es geschieht – nichts. Bis vier Uhr harrt Bauermeister in der Nacht ihres vermeintlichen Todes aus, dann bricht eine Welt für sie zusammen. Alle Gewissheiten sind auf einen Schlag dahin. Waren etwa alle Visionen, auf die sie ihr Leben aufgebaut hat, nichts nütze? Alle Intuition vergeblich? Krebs, einen Schlaganfall, eine Lungenembolie und alles Mögliche andere hatte sie gut überstanden – im Urvertrauen darauf, dass sie erst mit Abschluss ihres 78. Lebensjahres sterben würde. Und jetzt das. Die Nacht endet mit großer Verunsicherung, denn wie alle anderen Menschen kann auch Mary Bauermeister den Zeitpunkt ihres Todes nicht voraussagen.

Aus dieser jähen Erkenntnis heraus entschloss sie sich zum Neustart mit Ende siebzig. Sie regelte ihre Finanzen und kaufte ein renovierungsbedürftiges Gestüt in der Nähe des Atelierhauses. Dort wohnt sie jetzt und baut es Stück für Stück aus, möglichst mit umweltfreundlichem Material. Mary Bauermeister ist bemüht, ihren ökologischen Fußabdruck so klein wie möglich zu halten. Das Badewasser verwertet die 82-Jährige als Spülwasser für die Toilette weiter, neue Kleider schafft sie so gut wie keine an, sie trinkt und raucht nicht, isst vegan, aber nicht nur. Was Persönliches betrifft, lebt Bauermeister, wie sie sagt, auf dem Niveau von Hartz IV, nur an Büchern spart sie nicht. Nach ihrer aktuellen Geisteshaltung befragt, sagt sie: »Mein letzter Schlaganfall hatte den Vorteil, dass ich langsamer geworden bin und eine Menge Telefonnummern vergessen habe. Ich habe unendlich viel erlebt in meinem Leben, jetzt ist der Speicher voll, und ich komme in einen kindlicheren Zustand zurück und bin weniger analytisch. Denken ist nicht mehr so wichtig wie Fühlen. Ich werde sanfter, das musste ich vermutlich noch lernen.«

Jeden Sommer organisiert Bauermeister eine Art Camp für ihre Enkel. Sie bringt ihnen bei, wie man Pilze sammelt oder Ställe ausmistet. Weitergeben ist Bauermeisters großes Thema im Alter. Sie sagt: »Ich könnte längst abtreten. Aber solange ich noch irgendwas dazu beitragen kann, dass wir eine enkeltaugliche Zukunft bekommen, ist es gut zu bleiben.« Man kann sich vorstellen, dass Mary Bauermeister als Großmutter eine Wucht ist und als Mutter eine große Herausforderung.

Ursprünglich hatte Bauermeister sich vorgenommen, wenn ihre Zeit zum Sterben gekommen ist, mit dem Rucksack nach Tibet zu fahren und dort irgendwo in eine Spalte zu springen. Den richtigen Zeitpunkt dafür hat sie aber verpasst, inzwischen kann sie nicht mal mehr einen Rucksack schultern. Stattdessen plant Bauermeister ihre Beisetzung unter einem Baum in einem Beerdigungspark. Dieser Tage führt sie Gespräche mit dem örtlichen Beerdigungsunternehmen. »Meine Einäscherung finanziere ich vorab im Austausch mit meiner Kunst, dann müssen die Kinder später nichts bezahlen.« Die Künstlerin hat zwei Kinder aus ihrer Ehe mit Stockhausen und zwei weitere aus anderen Beziehungen. Gefragt, welchen Ratschlag sie ihren Enkeln mit auf den Weg geben möchte, sagt sie: »Tu immer das, was den größten Mut erfordert. Geh darauf zu, wovor du Angst hast, und du wirst wunderbare Dinge erleben.«

Mary Bauermeister möchte so lange weiterleben, wie sie anderen Menschen Trost geben oder die Fähigkeit vermitteln kann, das Schicksal so, wie es ist, zu akzeptieren. Diese Maxime gilt aus ihrer Sicht auch fürs Sterben: Ein guter Tod bedeutet, das Elend des Verfalls anzunehmen. Sterbehilfe lehnt sie für sich ab – aus Ehrfurcht davor, was das Schicksal noch bereithält. Womöglich gibt es ja noch die ein oder andere Lebenslektion zu lernen.

Unser Abschied ist herzlich, eine spontane Umarmung. Auf dem Rückweg nach Berlin bin ich seltsam euphorisch. Es tut gut, das Bild einer Frau vor Augen zu haben, die auch mit 82 ein fantastisches Leben führt. Ein Vorbild darin, gut zu altern und furchtlos auf den Tod zuzugehen. Und darin, zu Lebzeiten in sich und in anderen das Wahre und Schöne zum Vorschein bringen zu wollen. Die Entwicklung vom Tier zum Engel hat sie es genannt. Diese ungewöhnliche Frau lebt vor, wie die ideale Welt und der Mensch in dieser Welt aussehen könnte.

Plötzlich habe ich das Gefühl, als dehnte und weitete sich das Leben. Als wäre mit dem Tod längst nicht alles vorbei. Neue Räume öffnen sich. Vielleicht ist es an der Zeit, ein paar Schulweisheiten über Bord zu werfen und aufgeschlossener für das Metaphysische zu sein. Dem Verborgenen mehr Bedeutung zu geben und nicht nur dem Aufmerksamkeit zu schenken, was man sieht und liest.

Frau Merzig erwartet
den Tod

Und was ist, wenn ich da irgendwas eklig finde?«, fragt mein dreizehnjähriger Sohn. Wir sind auf dem Stadtring unterwegs, auf dem Rücksitz des Autos ein Mensch-ärgere-dich-nicht-Spiel. Es ist der letzte Tag im Jahr, Silvester, und ich brauchte meinen Sohn nicht lange zu überreden, mit zu Frau Merzig zu kommen, einer 95-jährigen Frau, die ich seit einiger Zeit begleite. »Lass es einfach mal auf dich zukommen, du wirst schon das Richtige tun«, antworte ich.

Frau Merzig verbringt ihr Lebensende in einem Pflegeheim im Berliner Bezirk Neukölln. Mit Ende achtzig ist sie hier eingezogen und hat die Wohnung aufgegeben, in der sie allein nicht mehr zurechtkam. Hunderte Kilometer entfernt, in einer Kleinstadt in Süddeutschland, lebt ihr einziger Sohn, ein ehemaliger Friedhofsgärtner, unlängst durch einen Schlaganfall bewegungsunfähig geworden. Frau Merzig hat alle ihre Berliner Freunde und Verwandten überlebt, sie ist so alt, dass sie allein übrig geblieben ist. Das Pflegeheim ist ihre Familie.

Wie immer, wenn ich das Heim betrete, interessiert sich an der Rezeption niemand dafür, wer kommt. Mein Sohn und ich nehmen den Aufzug nach oben, die Etagen haben keine Nummern, sondern Vogelnamen, wir steigen bei Kolibri aus.

Frau Merzig schaut neugierig aus ihrem Bett heraus, als wir zu zweit das Zimmer betreten, dann lächelt sie schelmisch und sagt: »Na, so ein hübscher Junge.«

Wenig später stellt eine Pflegerin das Mittagessen auf den rollbaren Tisch, fährt das Kopfteil des Pflegebetts nach oben und bindet Frau Merzig ein Handtuch um den Hals, damit sie sich nicht bekleckert. Es gibt Pizza, und ich übernehme das Füttern, doch nach dem zweiten Bissen schimpft sie: »Das ist doch keine Pizza«, und winkt ab. Ich versuche, ihr ein weiteres Stück aufzuschwätzen, ohne Erfolg. »Schmeckt nicht.«

»Was würde Ihnen denn schmecken? Worauf haben Sie Lust?«

»Grobe Westfälische mag ich gern oder Zungenwurst. Eisbein und Rouladen. Ein schönes Schnitzel.«

Wir schleppen Stühle herbei und bauen das Spiel auf, Frau Merzig würfelt gleich eine Sechs, sie lässt sich dabei helfen, weil sie ihre verkrümmten Finger kaum mehr ausstrecken kann, die Finger sind an der Gelenkinnenhaut entzündet, Rheuma. Wie mit Klumpen greift sie nach den Würfeln. »Jetzt sind Sie auf der Hälfte der Strecke angekommen«, kommentiert mein Sohn das Spiel, »fast schon zu Hause!« und »jetzt fehlt nur noch eine Vier«. Frau Merzig lacht, sie hat gewonnen, und dann ist sie, glaube ich, ein bisschen froh, dass wir gehen und sie in Ruhe Mittagsschlaf halten kann.

Auf der Rückfahrt sagt mein Sohn, ich hätte der alten Frau das Essen nicht aufzwingen sollen: »Du musst ihren Willen respektieren. Wenn sie nicht mehr will, will sie nicht.« Ich nicke und freue mich über mein Kind. Darüber, dass wir Frau Merzig im stillen Einverständnis haben gewinnen lassen. Etliche Möglichkeiten, sie rauszuschmeißen, hat mein Sohn in großer Weisheit ignoriert.

»Wirst du weinen, wenn Omi stirbt?«, fragt er.

»Klar, da werde ich traurig sein.«

»Hat Omi geweint, als Uri starb?«

»Ja, das war schwer für sie. Es ist immer ein großer Einschnitt, wenn die Mutter stirbt.«

Dann geht das Jahr zu Ende, und als das neue mit Böllerschüssen und Raketen beginnt, denke ich kurz an Frau Merzig, für die das neue Jahr ihr letztes ist.

Sie war neunzehn, als der Zweite Weltkrieg begann, und 23, als sie ausgebombt wurde. »Die Nacht, als unser Haus lichterloh brannte, war das Schlimmste. Ich hatte nur noch das, was ich am Leib trug, und dann ging die Wohnungssuche los.« Das hat sie mir gleich beim ersten Treffen erzählt und später immer wieder, die Erzählung strömt aus ihr heraus, sprunghaft und mit abrupten gedanklichen Brüchen. Auch von einem russischen Soldaten, der sie im Keller vergewaltigen wollte, habe ich oft gehört. »Frau, komm!«, habe er gesagt, und sie habe dann auf ihren Sohn gedeutet, »kann nicht«, und daraufhin habe sich der Soldat die Nachbarin genommen, im Keller vor aller Augen, Frau Merzig schüttelt noch heute ungläubig den Kopf. »Das möchte ich nicht noch mal erleben. Werde ich auch nicht. Gleich gibt's was zu essen.« 72 Jahre ist das mit den Bomben und der Vergewaltigung her – und die Erinnerung kommt jetzt, am Ende ihres Lebens, hoch. Ob es ihr hilft, davon zu erzählen? Ich glaube schon.

Mit Frau Merzig stirbt die Generation, die den letzten Krieg aus bitterer Erfahrung kennt und davon geformt worden ist. Überall im Land geht derzeit das Leben von Frauen mit Namen wie Else, Erna, Herta, Lore oder Hilde zu Ende – und das von Männern, die Günter, Fritz, Albert, Kurt oder Willi heißen. Weil Frauen ihre Männer in der Regel überleben, bleiben sie häufig allein zurück und sterben in einer »Einrichtung«, wie es im Verwaltungsdeutsch heißt, während die Männer in der Familie begleitet werden.

Doch egal, wo sie am Ende leben, nicht selten bricht die Erinnerung an lang vergangene Schrecken im Sterben auf, oft mit großer Wucht. Die Vergangenheit holt einen irgendwann ein, man kennt das, eine Binsenweisheit – doch im Zusammenhang mit dem Sterben bekommt sie eine andere Bedeutung. Viele Menschen können ihr Leben nur meistern, indem sie traumatische Erfahrungen aus Kriegszeiten mit aller Macht unterdrücken, erklärt mir eine Psychologin. Ein Leben lang wird systematisch verdrängt, doch im Sterben kommt das individuelle System an seine Grenze und das ganze Elend hoch. Oft sterben diese Menschen schwer, und selten sind Heime gewappnet, denen, die allein sind, ausreichend beizustehen.

Zwar sterben prozentual gesehen immer noch die meisten Menschen im Krankenhaus. Gleichzeitig nimmt aber die Zahl derer, die im Alten- oder Pflegeheim sterben, am deutlichsten zu, zeigt eine aktuelle Studie des *Deutschen Ärzteblatts*. Die Zahl derer, die ihr Leben in Palliativeinrichtungen oder Hospizen beenden, wächst zwar ebenfalls, beträgt aber insgesamt nur sechs Prozent. Man kann sagen, dass sich Altenheime in Deutschland schleichend zu Sterbehäusern entwickeln. Und wer erst im Heim gelandet ist, kommt hier nicht mehr raus: Die Krankenkassen unterstützen eine Verlegung ins Hospiz nur in Ausnahmefällen. Dort müssten sie für den Aufenthalt nämlich zusätzlich zahlen. Im Heim gehört Sterbebegleitung zum »Versorgungsauftrag« der Altenpflege. Die Kassen gehen davon aus, dass sterbende Menschen auch in Pflegeheimen gut versorgt werden. Ein Hospiz halten sie zum Beispiel nur dann für notwendig, wenn ein Sterbender in seinem Pflegeheim keine ausreichende Schmerzbehandlung erhält.

In Frau Merzigs Heim werden 255 alte Menschen im Schichtdienst betreut, und sosehr sich die Pfleger auch bemühen: Zeit für Sitzwachen oder Gespräche fehlt. Deshalb holt sich die Heimleitung Verstärkung beim ambulanten Hospizdienst. Wir Ehrenamtlichen beginnen jeden dieser Einsätze mit Argwohn: Geht es hier tatsächlich um Sterbebegleitung oder darum, mit unseren unbezahlten Einsätzen den Pflegenotstand auszugleichen?

Als ich Frau Merzig das erste Mal besuche, hat man sie gerade in ein neues Zimmer verlegt: Raus aus dem Doppelzimmer, das sie sechs Jahre bewohnt hat, rein in ein großzügiges Einzelzimmer, dem Zimmer zum Sterben. Das Sterbezimmer liegt ein bisschen abseits von den belebten Gemeinschaftsräumen des Heimes, auch abseits von anderen Bewohnern, deren Zimmertüren tagsüber offen stehen, so dass man auf dem Flur Unterhaltungen und Fernsehgeräusche hört, oft auch Fluchen und Stöhnen. Es ist ein schönes Zimmer: Blümchentapete, farbenfrohe Gardinen, drei Fenster, aus denen man die Äste großer Bäume sieht.

Einen Moment lang mustern wir beide uns. Mir fällt als Erstes Frau Merzigs Brille auf, ein riesiges, rechteckiges Modell in einem winzigen Gesicht, dann eine zerknautschte Handtasche, die sie im Bett umklammert hält. Frau Merzig schaut auf meinen Mund. »Du hast aber schöne Zähne. Wie alt sind 'n die?«

Obwohl Hörgeräte in ihrem Ohr stecken, versteht Frau Merzig kaum, was ich sage. Für jeden Satz beuge ich mich nah an ein Ohr der schwerhörigen Frau.

»Was ist denn mit Ihren Hörgeräten los? Sind die kaputt?«

»Hat die Schwester ausgestellt. Wegen Verletzungsgefahr.«

Verletzungsgefahr im Liegen? Frau Merzig zuckt die Achseln, sagt weiter nichts. Sie mustert mich freundlich und erzählt, dass sie sich bei einem Sturz unlängst einen Halswirbel gebrochen hat, zudem arbeitet ihre Niere schlecht, jetzt liegt sie tagein, tagaus im Bett und langweilt sich.

Langeweile – neben Einsamkeit und Hilflosigkeit eine der drei großen Plagen, die der schreibende Mediziner Atul Gawande für die letzte Lebensphase benennt. In seinem Buch *Sterblich sein* ist zu lesen, wie Gawande, Amerikaner indischer Herkunft, als Chirurg jahrelang Menschen zusammenflickte, was das Zeug hielt, ihn irgendwann jedoch die Einsicht überkam, dass er gegen die Tücke des Alters mit seiner Arbeit nichts ausrichten kann. Weil das Alter eben keine Krankheit ist und man gegen Alterserscheinungen als Chirurg nicht ankommt. Gawande erzählt von seinem indischen Großvater, der 13 Kinder hatte – seine Altersversicherung. Der Großvater wurde über hundert und starb am Ende an einem Unfall, nicht an einem Altersgebrechen, die Betriebsamkeit seiner Großfamilie hatte ihn buchstäblich am Leben erhalten.

Atul Gawande wollte herausfinden, wie sie wirklich leben, die alten Leute. Er begann, sich im Land umzuschauen, und stellte fest, dass das Leben vieler Amerikaner am Ende erbärmlich ist. Dann lernte er William Thomas kennen, einen ehemaligen Arzt, der nach Wegen suchte, wie man das Leben in Altenheimen humaner gestalten kann. William Thomas holte Pflanzen in die Zimmer und Tiere ins Haus, er ließ Rasen umpflügen und Gemüsebeete anlegen. Und siehe da, das Experiment, das wissenschaftlich begleitet wurde, zeigte: Die alten Leute, die Verantwortung für Pflanzen und Tiere übernahmen, benötigten nur noch halb so viele Medikamente wie eine Vergleichsgruppe, und die Sterberate bei den aktiven Alten sank um 15 Prozent.

Heute wirbt William Thomas auf der ganzen Welt für eine Wende in der Altenpflege. »Eden Alternative« heißt seine gemeinnützige Organisation, die weltweit neue Standards in der Betreuung von alten Menschen setzen will. Auf der Website ist von »Kulturwandel« die Rede und vom »Gewächshaus des Lebens«, man liest Parolen wie »Pflege braucht Selbstpflege«, sieht dazu Bilder fröhlicher Greise an Staffelei und Schlagzeug sowie einem echten Zirkuspferd im Vortragssaal eines Altenheims. »Eden-Einrichtungen sind wie Gärten, die wir das ganze Jahr über pflegen. Die wir bepflanzen und bewässern, dass sie wachsen und Früchte hervorbringen. Eden ist ein Bewusstseinswandel – ein nie endender Prozess –, der zum Gestalten einlädt. Die Eden-Prinzipien weisen uns dabei den Weg.« Klingt wie eine Sekte, ist in Wahrheit aber harmlos. Die »Eden Alternative« bietet Schulungen an, mit deren Hilfe sich Altenheime zu »Orten persönlichen Wachstums« entwickeln und für das »Eden«-Prädikat qualifizieren können. Ganz ohne höhere Budgets und zusätzliches Personal. Wie soll das funktionieren? Indem man Mitarbeiter und Bewohner motiviert, bestehende Strukturen zu hinterfragen, und Mut macht, neue Wege zu gehen – etwa in Gestalt eines Zirkuspferdes oder mit Pinsel und Palette. 500 Heime in den USA orientieren sich laut Website am Eden-Prinzip, aus Deutschland sind bislang zwei Häuser registriert. William Thomas hat noch eine Menge zu tun.

Frau Merzig ist von der Eden-Alternative weit entfernt, in ihrem Alltag gibt es weder Pflanzenpflege noch späte Selbstverwirklichung an der Staffelei. Zwar lädt im Aufzug des Heimes ein Aushang zu Sitztanz und Bingo-Spiel, doch wer bettlägerig ist, bleibt sich selbst überlassen.

Bei meinem zweiten Besuch steht die Tür zu ihrem Zimmer halb offen. Der Fernseher läuft, und Frau Merzig schläft. Ich bin bereits wieder im Gehen, um zu einem anderen Zeitpunkt wiederzukehren, als eine Pflegerin hereinkommt und die alte Frau mit Wangenklatschen weckt. »Aufwachen, Süße!« Frau Merzig schlägt die Augen auf und ist sofort munter.

»Ich bin ja so froh, dass ich wieder hören kann.«

»Echt? Das klappt wieder?«, frage ich erstaunt. Ein Anruf bei der Pflegeleitung hat offenbar Wirkung gezeigt. Ob man das Hörgerät reparieren lassen könne, hatte ich gefragt, gegebenenfalls übernähme ich die Kosten. Tatsächlich war das Gerät, wie Frau Merzig es gesagt hatte, nur ausgeschaltet. Weil es leichter geht, wenn sie nicht alles hört? Darüber lässt sich nur spekulieren.

»Ist nicht schön, wenn über einen hinweggesprochen wird«, sagt Frau Merzig und erzählt ein bisschen von früher, als sie im KaDeWe in der Küche gearbeitet hat und vom Fahrradladen, den sie später mit ihrem Mann betrieb.

»Eigentlich wollte ich ja Tänzerin werden, aber da hat meine Mutter nicht mitgespielt. Da hab ich Schneiderin gelernt. Mal sehen, was es dieses Jahr zu Weihnachten gibt.« Dieses Mal hält sie nicht ihre Handtasche umklammert, sondern den Notrufknopf. Das Kabel zieht sich quer über ihre Decke und dann auf dem Boden weiter zur Wand.

Ein paar Wochen später betrete ich Frau Merzigs Zimmer, ohne dass sie es bemerkt. Ich sehe, dass ihr Gesicht zum Weinen verzogen ist und sie in den versteiften Händen ein Taschentuch zerknüllt. Ihr Kopf ist nach rechts gewandt, zum Fenster hin, mit Blick in die Bäume.

»Guten Tag, Frau Merzig!«

»Der nächste Baum ist meiner. Ich hänge mich auf.«

»So bedrückt kenne ich Sie gar nicht. Was ist denn heute los?«

»Ich habe mir mein späteres Leben anders vorgestellt. Nach allem, was ich für Deutschland getan habe. Ich war 48 Jahre lang berufstätig.«

Es ist Mittagszeit, die Pflegerin bringt eine Roulade, die ich mitgebracht habe und die in der Küche aufgewärmt worden ist. Sie bindet Frau Merzig eine Plastikfolie um den Hals, sie sieht aus wie ein aufgeschnittener Mülleimerbeutel. Mit jedem Löffel spornt sie die beinahe Hundertjährige an: »Na, komm, Liebes. Noch einen Haps. Du machst mich glücklich, wenn du das aufisst. Mein Schatz.« Die Hälfte der Mahlzeit geht zurück in die Küche.

Bevor ich gehe, schalte ich den Fernseher wieder ein. Man sieht eine RTL-Reporterin mit zwei Modefans nach Kambodscha reisen, dorthin, wo ihre Kleidung hergestellt wird. Frau Merzig schaut nicht hin. Sie sagt: »Hätte nie gedacht, dass ich so alt werde. Wenn ich im Sommer noch lebe, besuche ich meinen Sohn in Bayern. Vielleicht sterbe ich aber auch. Damit muss man rechnen. Ich bin schon 95.«

In einer Ecke ihres Zimmers steht ein Rollstuhl, aber es ist lange her, dass sich jemand die Mühe gemacht hat, Frau Merzig da hineinzuhieven. Zur Rechtfertigung wird der gebrochene Halswirbel angeführt, es sei viel zu gefährlich (obwohl auf der Sitzfläche des Stuhles eine stabilisierende Halskrause bereitliegt). Das Pflegepersonal muss befürchten, wegen unterlassener Hilfeleistung oder Körperverletzung angeklagt zu werden, also geht man lieber auf Nummer sicher und macht gar nichts. Oder man bringt die Greise sicherheitshalber in ein Krankenhaus. Ein Neurologe erzählt mir, dass er immer wieder alte Leute mit akuten Schwächeanfällen in der Notaufnahme behandelt, denen eigentlich gar nichts fehlt – außer einem Glas Wasser.

Im Frühjahr feiert Frau Merzig ihren 96. Geburtstag und lebt überraschend auf. Aus ökonomischen Gründen wird sie in ein Doppelzimmer verlegt, raus aus dem Sterbezimmer und zurück in den turbulenten Bereich des Heims. Einmal treffe ich sie im Gemeinschaftsraum an, wo sie im Rollstuhl an einem Tisch sitzt und, umgeben von einem guten Dutzend Mitbewohnern, Fernsehen schaut. Viele schlafen im Sitzen, den Oberkörper auf den Esstisch gelegt oder schnarchend vornübergebeugt.

»Im Kopf ist noch alles okay. Der olle Deez. Das ist wichtig, sonst machen die mit einem, was sie wollen. Dass ich mein Leben mal in einem Heim beende, na ja. Hab mir das anders vorgestellt. Aber es geht ja nicht mehr allein. Heute gab's Pute, igitt«, strahlt Frau Merzig. Neulich habe ihr der

Pfleger bereits um halb fünf das Nachthemd angezogen. Halb fünf! »Ich bin doch kein Baby.«

Ich mache mit meinem Handy ein Foto von ihr, wie sie aufrecht in ihrem Stuhl sitzt, und zeige es ihr. Sie schaut das Bild ungläubig an, und es ist nicht ganz klar, ob sie über die Technik staunt oder über sich selbst. »Ich muss mir dringend die Haare schneiden lassen.« Am Nachbartisch fällt jemandem im Schlaf der Kopf auf den Tisch.

Ich denke an das Buch *Können wir nicht über was Anderes reden?* von Roz Chast, bekannt als Cartoonistin beim *New Yorker*. Sie hat Altern und Sterben ihrer Eltern als »Graphic Memoir« festgehalten, also in der ungewöhnlichen Form eines gezeichneten Rückblicks plus Text, ein wundervolles Buch, schonungslos und witzig zugleich. An einer Stelle schildert Chast ihre Vorstellung eines guten Finales: »Ich würde mir wünschen, dass am Lebensende, wenn alles ›erledigt‹ ist, etwas käme, auf das man sich freuen kann. Etwas Vergnügliches. Opium vielleicht oder Heroin. Gratis-Schoko-Eis für die ganz Alten. Riesige Bildbände und Musik. Extreme Palliativpflege, wenn man von dem anderen Kram die Nase voll hat; dem Röntgen, der Tomografie, dem faden Essen und den Tabletten, die eh nichts nützen.«

Die Idee der entfesselten, deregulierten Altenpflege ist ein ulkiges Gedankenspiel – klar, von der Realität weit entfernt. Doch als ich das Altenheim an diesem Tag verlasse, wünsche ich mir, wenigstens ein Körnchen davon wäre wahr. Mich widert es an, das Sterben und mehr noch der Verfall in der Zeit davor, das Freudlose und Hässliche, der Stumpfsinn und die Geistlosigkeit – kurz, das lange Warten auf den Tod. Ich habe die Nase voll von dieser kleinmütigen

Welt, die nach Urin und abgestandenem Schweinehack riecht, habe genug von ihren ausgeleierten Körpern und notdürftig übertünchter Hoffnungslosigkeit. Aber irgendwo in der Ferne, ganz hinten, wo es nur schwer zu erkennen ist, sehe ich das Ziel. Bislang habe ich nur meine Angst verloren. Am Ende will ich auch meine Leichtherzigkeit zurück, die Leichtherzigkeit gegenüber Niedergang und Tod.

Am Tag, als offiziell der Frühling beginnt, bekomme ich einen Anruf aus Frau Merzigs Heim: »Wir rechnen damit, dass sie sich bald verabschiedet.« Das Sterbezimmer ist belegt, also hat man Frau Merzigs Zimmergenossin kurzfristig ausquartiert, damit sie ihr Leben ungestört beschließen kann. Ein kleines Detail im Bestreben, ein »Sterben in Würde« zu ermöglichen, von dem momentan so viel die Rede ist. Was das sein soll, weiß niemand so genau. »In Würde sterben« ist zur Plattitüde verkommen, eine leere Phrase, auf die jeder die eigenen Bedürfnisse projiziert. Ein Allgemeinplatz im Gerede der Politik.

Die Zimmertür steht offen. Zwei gerahmte Fotos sind auf dem Stuhl neben Frau Merzigs Bett aufgestellt, eins von ihrem Mann und eins von ihrem Sohn. Im alten Zimmer waren es Dutzende Fotos: Von der Hochzeit, lange zurückliegenden Geburtstagen und den Hunden der Merzigs, lauter Bilder aus glücklichen Zeiten. Wo diese Fotos jetzt wohl sind?

Frau Merzig ist von Hilfe abhängig wie ein Säugling. Ich betupfe ihren trockenen Mund mit einem feuchten Tuch, das auf dem Nachtschrank bereitliegt. Das Befeuchten schützt ihre Mundflora, denn die alte Frau trinkt kaum noch. Ein Krankenhaushemd, hinten offen, ist notdürftig um Frau Merzigs Körper geschlungen, das gäbe Widerspruch, hätte sie noch die Kraft, es zu kommentieren. Ein BtM-Pflaster versetzt sie in tiefen Schlaf, BtM steht abgekürzt für Betäubungsmittel, es ist Mediziner-Jargon. Frau Merzig leidet an einer Nierenschwäche, in ihrem Blut sammeln sich giftige Stoffwechselprodukte, die der Körper nicht mehr ausscheiden kann. Die Folge sind heftige Bauch- und Rückenschmerzen. Das Pflaster gibt über Stunden hinweg über die Haut Fentanyl frei, ein sehr starkes Schmerzmittel, das ungefähr doppelt so stark wie Morphium wirkt. Frau Merzig hat keine Schmerzen, so viel steht fest.

Sie nimmt nicht wahr, dass ich mich ans Bett setze und ihre Hand nehme, vielleicht spürt sie die Berührung schon nicht mehr, vielleicht aber doch. Die Hand ist schlaff, die Muskelkraft in Frau Merzigs Körper fast verschwunden. Ihr Atem ist flach und rasselt ein bisschen, das Geräusch entsteht durch den Speichel, der sich im Rachen sammelt, weil die Kraft fehlt, ihn runterzuschlucken. Je mehr Speichel sich dort staut, desto heftiger rasselt es. Noch geht Frau Merzigs Atem regelmäßig, ich passe meinen Rhythmus ihrem an, wir atmen gemeinsam ein und aus. Noch ist sie nicht am Ende angekommen. Erst wenn der Atem stockt und die Pausen zwischen den einzelnen Zügen sehr groß werden, zieht das Leben endgültig aus dem Körper aus. Manchmal setzt der Atem dann nach einer Pause mit einem tiefen Seufzer wieder ein, so, als hätte er es sich noch mal anders überlegt. Auch Tiere im Winterschlaf atmen so. Gut möglich, dass sich Frau Merzig jetzt in einem tiefen Traum befindet, vielleicht auch nicht. Damit sie gegebenenfalls an etwas Schönes denkt, erinnere ich flüsternd an die Tanzparty zu ihrem vierzigsten Geburtstag, von der sie einmal strahlend erzählt hat.

Dann kommt eine Putzfrau ins Zimmer und feudelt den Boden. Sie wirft einen Blick aufs Bett und sagt, Frau Merzig sei immer so lustig gewesen, und jetzt dieser Anblick, so traurig sei das. Sie schüttelt den Kopf. Ich weiß nicht, wie lange ich bei Frau Merzig sitze. Am Bett von Sterbenden wirkt ein Tag manchmal wie eine Stunde und eine Stunde wie ein Augenblick, Zeit und Raum dehnen sich auf.

Drei Tage später der Anruf, dass sie verstorben ist.

Wir Wegwerfkörper

W oran erkennt man, dass man stirbt?«
Harry Rebmann schaut mich prüfend aus seinem Lehnsessel an. Es klingt, als erwartete der alte Herr gleich bei meinem ersten Besuch eine Gebrauchsanleitung für seine letzten Stunden.

»Na ja, kommt drauf an, was Sie meinen: Den allerletzten Übergang oder die Zeit davor? Wenn Sie nicht mehr essen und trinken wollen, geht es meistens los. Als Nächstes verabschieden sich dann die Sinnesorgane. Und Ihr Atem wird flacher, und die Pausen zwischen den einzelnen Atemzügen werden größer.«

»Ich möchte wissen, wann die letzten drei Monate beginnen. Dann will ich nämlich ins Hospiz.«

»Das kann man leider nicht genau voraussagen. Ich glaube, das spürt man.«

Das Telefon läutet, es liegt griffbereit neben Harry Rebmanns Sessel. »Ach, du bist es, Helga. Nett, dass du zurückrufst. Ich wollte nur sagen, dass du morgen bitte ein paar Scheiben Roastbeef und etwas Sülze mitbringst.«

Harry Rebmann ist 91 Jahre alt und lebt allein in einer Fünfzimmerwohnung im obersten Stock eines Mietshauses an der Spree. Er führt das komfortable Leben eines Menschen, der keine materiellen Sorgen hat und den ein dichtes Netzwerk aus Familie und Freunden trägt. Sein Alltag ist bestens organisiert. Essen auf Rädern versorgt ihn täglich mit einer warmen Mahlzeit, zweimal wöchentlich kommt eine Putzhilfe, und eine Bekannte kauft für ihn ein. Jemand vom Pflegedienst und ein Palliativarzt schauen regelmäßig vorbei. Rebmanns Sohn lebt in einem Vorort und hat ein Auge auf ihn, seine Enkelin kommt immer mal wieder zu Besuch, auch alte Freunde aus der Kirchengemeinde. Den Notfallknopf an seinem Handgelenk trägt er so selbstverständlich wie eine Armbanduhr.

Rebmann geht nicht mehr aus dem Haus, auch sein Wohnzimmer verlässt er nur selten, hier steht das Pflegebett, in dem er schläft, den Blick auf Balkon und Blumen ausgerichtet und in den Himmel. Das Wohnzimmer ist sein Lebensmittelpunkt, hier hört er Radio, viele Stunden jeden Tag, oder er schaut fern, aber erst ab 17 Uhr, denn »man will ja nicht verblöden«, wie er sagt. Seine Frau ist vor ein paar Jahren verstorben, hier oben in der Wohnung, das erzählt er so beiläufig, als wäre sie nur eben kurz rausgegangen. »Ich habe mit meinem Sohn Abendbrot gegessen, und plötzlich war es so still in ihrem Bett, da haben wir geschaut, und sie war fort.«

Die Welt sehr alter Menschen wie Harry Rebmann ist eine Welt ohne Google und Wikipedia. Wenn Rebmann nach einem Begriff oder einer Erklärung sucht, lässt er sich den entsprechenden Abschnitt aus dem Brockhaus vorlesen. In der Welt der ganz Alten gibt es keine E-Mails und keine Textnachrichten, man verabredet sich telefonisch übers Festnetz oder vereinbart ein Treffen persönlich, die klassische Art. Das klappt nicht immer reibungslos, bei meinem zweiten Besuch stehe ich vor verschlossener Haustür, weil

Herr Rebmann die Klingel nicht hört. Ich rufe auf seinem Telefon an. »Ich mache auf, aber das dauert mindestens fünf Minuten«, sagt er und setzt sich oben mit seinem Rollator in Bewegung.

Rebmann hat zwei Rollatoren, einen für drinnen und einen für draußen. Er braucht den Gehwagen, weil sein Knochengewebe immer weiter schwindet, er leidet an Osteoporose, einer Alterskrankheit, die eigentlich vor allem Frauen trifft. Bei Harry Rebmann ist sie weit fortgeschritten, er hat einen Buckel, so sehr hat sich die Wirbelsäule verformt, und sein Bauch wölbt sich weit nach vorn. Wenn man ihm zuschaut, wie er sich unsicher mit dem Rollator von der Eingangstür zum Wohnzimmer vorantastet, denkt man, diesen Mann hat die Schwäche des Alters überraschend eingeholt. »Ende Dezember war ich auf Kur in Bad Kötzting und bin mit dem Aufzug versehentlich in den Keller gefahren. Beim Aussteigen habe ich eine Stufe übersehen und bin gestürzt. Davon habe ich mich nicht mehr erholt. Oft weiß ich morgens gar nicht, warum ich noch aufstehe. Obwohl ich doch Skorpion bin, und die wissen, was sie wollen.«

Früher hat Rebmann als Bibliothekar an der Universität gearbeitet, er ist ein belesener Mann, davon zeugt im Wohnzimmer eine Regalwand voller Bücher. Jetzt sind die Augen zu schlecht zum Lesen geworden, manchmal liest ihm jemand vor, auch deshalb bin ich hier, zum Vorlesen. Auf dem Couchtisch liegen die Memoiren eines Berliner Verlegers bereit, ein Erinnerungsbuch aus der Zeit nach dem Krieg.

»Die Bücher müssen alle weg, bevor ich sterbe. Haben Sie eine Idee, wer die nehmen könnte?«

»Ich frage mal bei Oxfam nach, ob die vielleicht Verwendung haben. Die Second-Hand-Bücherläden von Oxfam nehmen Bücherspenden gerne an, und der Verkaufserlös fließt in die entwicklungspolitische Arbeit des Vereins, das ist eine sinnvolle Sache.«

Ich ziehe wahllos ein Buch aus dem Regal, es ist ein abgegriffenes Katechismus-Kompendium der katholischen Kirche. Ein vergilbter Zettel flattert heraus, in Sütterlinschrift stehen zwei Worte darauf geschrieben: *Seele = Leben*. Die Gleichung berührt mich, weil sie den Eifer heraufbeschwört, mit dem Rebmann als junger Mann studiert hat, darum bemüht, dem Leben einen Sinn abzuringen. Und jetzt? Es heißt ja, im Alter gehe man nach innen und vergeistige. In Wahrheit aber ist der Mensch am Ende seines Lebens ausschließlich mit seinem Körper beschäftigt. Das Alter ist keine Läuterung, sondern schrecklich profan.

Ich lese Willi Rebmann aus den Memoiren des Verlegers vor, an Stellen, die allgemeine Dinge aus der Nachkriegszeit beschreiben, nickt er zustimmend oder sagt: »Genau so war's.«

Später, als ich aus seinem dunklen Hauseingang unvermittelt in die Überschwänglichkeit eines makellosen Sommerabends trete, kippt meine Stimmung. Der Weg zur U-Bahn führt an der Spree entlang, ein Motorboot zieht an mir vorüber, auf dem Heck eine Frau im Bikini, die ihre Beine baumeln lässt. Obschon man sein Leben kaum besser als Harry Rebmann beschließen kann – zu Hause, geborgen in der Familie, klar im Kopf –, verliere ich zum ersten Mal als Sterbebegleiterin den Mut. Ich fühle mich müde und bedrückt – als wäre ein Stück von der Enge aus Harry Rebmanns Leben an mir kleben geblieben. Erst baut man sich über viele Jahre hinweg ein Leben auf, und dann wickelt man alles wieder ab, was soll das?

Bleischwer wiegt die Ahnung, irgendwann selbst genauso eingeschränkt zu sein. Die Ahnung, dann nicht mehr lesen oder sogar sprechen oder Musik hören zu können. Dass ich nicht mehr um den Schlachtensee gehen kann und eines Tages nicht mal mehr vors Haus. Nicht mehr alles essen zu können, weil man sonst schlecht schläft, Sushi zum Beispiel oder scharfes Thai Food. Flaschen nicht mehr aufdrehen zu können, weil die Kraft in den Fingern fehlt. Noch ist es nicht so weit, aber bald werde vermutlich auch ich bei Witzen lachen, die ich nicht verstanden habe, oder an der falschen Stelle lachen oder, noch viel schlimmer, einen Haufen pointenloser Anekdoten erzählen.

Zu Hause angekommen, hat sich meine Schwermut in Empörung verwandelt, Empörung über Verschleiß und Verfall. Ich ziehe mir Joggingsachen an und gehe im Wald laufen, voll zorniger Energie. Es ist einer dieser Tage Anfang Juli, an denen die Sonne erst spät untergeht und man den Eindruck hat, das Leben währe ewig. Der Geruch von sonnenwarmer Baumrinde liegt in der Luft, gierig sauge ich ihn ein. Meine Schritte federn auf dem Waldboden, ich hole immer weiter aus und renne Alter und Siechtum davon.

Woran erkennt man, dass man altert, und wie geht es los? Wenn man auf Reisen das eigene Kopfkissen mitnimmt? Beim Schlachter 40 Gramm Kalbsleberwurst kauft und 30 Gramm Speck? Wenn man auf der Rückseite von Fotos die Namen der Menschen notiert, die auf dem Bild zu sehen sind, weil man diese Namen bald vergisst? Oder beginnt es früher – wenn man Sport der Gesundheit wegen treibt und nicht aus Spaß oder für die Figur? Wenn man sich zur Aquagymnastik anmeldet? Ist man alt, wenn man bereits beim dritten Band von Karl-Ove Knausgårds sechsteiliger Autobiografie, über die jetzt alle sprechen, aussteigt? Wenn man einen Film sieht und erst nach der Hälfte merkt, dass man ihn schon kennt? Wenn man, so geht es einem Freund von mir, guten Wein bestellt und sich fragt, ob man den Zeitpunkt, wenn er optimal gereift ist, noch erlebt? Wenn man die Stars auf den Titelbildern von *Vanity Fair* nicht kennt und keine Ahnung hat, wer die Leute in der *Gala* sind?

In einer großen Buchhandlung fiel mir neulich ein Büchertisch für die »Generation Plus« auf: Ratgeber für Fünfzigjährige und drüber. Wir Alten haben einen eigenen Tisch. Meistens steht in diesen Büchern, wie großartig das Alter sei, weil man weise und abgeklärt ist und endlich weiß, was im Leben zählt. Aber mir waren abgeklärte Menschen schon immer suspekt, ich halte Abgeklärtheit für total überschätzt. Abgeklärt ist das Gegenteil von neugierig, und wer nicht mehr neugierig ist, hat ein Problem. Und was bringt einem Weisheit, wenn man sich nicht mehr anständig ausdrücken kann? Wenn man dauernd nach Worten sucht?

Ich bin Anfang fünfzig, und seit einiger Zeit macht mein Hirn Dinge, die es früher nicht gemacht hat. Irritierende Dinge. Neulich zum Beispiel war ich mit den Kindern mit der Bahn unterwegs, wir hatten viel Gepäck: Koffer, Taschen, Instrumente und so weiter. Nach dem Umsteigen hatte ich zwar ein Cello auf dem Rücken und eine Tüte mit frischen Brezeln in der Hand, meine Handtasche aber war auf dem Bahnsteig stehengeblieben, darin Tickets, Handy, Geld und ein paar andere Dinge, die wir auf der Weiterfahrt gut hätten gebrauchen können.

Ich vergesse vieles – dieses Symptom des Alterns ist mir vertraut. Ich vergesse nach dem Bezahlen meine Kreditkarte im Gerät an der Kasse und beim Tanken den Tankdeckel auf der Zapfsäule. Ich vergesse den Namen des Kollegen aus dem Politikressort, der so lustig schreibt. Ich vergesse, wo die Impfpässe der Kinder aufbewahrt sind, und sie zu suchen beschäftigt mich Stunden. Wenn ich ein Buch zum zweiten Mal lese, wirkt alles neu, und ich wundere mich darüber, welche Stellen ich beim ersten Mal markiert habe. Was zum Teufel habe ich mir damals gedacht? Der Speicher ist voll. Für alles, was neu reinkommt, fliegt etwas Altes raus.

Aber eins vergesse ich nicht: Den Moment, als es losging. Ich war 47 und sang in einem Chor, einmal traten wir spätabends auf, in einem schwach beleuchteten Raum. Als der Dirigent den Einsatz gab und ich in meine Noten schaute, bekam ich einen Schreck. Bei gutem Licht konnte ich normalerweise noch problemlos lesen, aber hier, in der schummrigen Beleuchtung, war ohne Brille kaum noch etwas zu erkennen, Noten und Linien verschwammen vor meinen Augen, der Text war ein durchgehender schwarzer Strich. Um das Gesicht zu wahren, bewegte ich simulierend die Lippen bis zum Ende des Stücks. An diesem Abend fühlte ich mich lächerlich und traurig und alt.

Inzwischen sind mir solche Situationen vertraut. Mit 50 schämt man sich für sein Alter, und mit achtzig ist man, wenn es gut läuft, froh, noch am Leben zu sein. In der Zeit dazwischen altert man.

Am meisten stört mich am Altern das Schematische. Altwerden verläuft stereotyp, es gibt kaum Möglichkeiten, auszubrechen. Früher gab es Optionen, Lebensentwürfe, Möglichkeiten. Man konnte eigene Wege einschlagen und Konventionen brechen, einen Unterschied machen. Mit dem Altwerden hört das auf. Man altert auf die gleiche Art wie alle anderen auch, man wird in die körperliche Verwandlung hineingezwungen, das biologische Programm läuft gnadenlos ab, mit eigenem Willen lässt sich immer weniger ausrichten. An schlechten Tagen fühle ich mich wie ein Klischee der Generation fünfzig plus. Ich bin das Abziehbild der reifen Frau auf dem Titelbild der *Apotheken-Umschau*.

Der Lebensstil passt sich an, er wird vorhersehbar. Man stellt fest, dass alles stimmt, was geredet wird: Die Zeit vergeht viel schneller als früher. Unspektakuläres gewinnt an Bedeutung, man freut sich über kleine Dinge wie die Apfelschnitze nach der Yogaklasse oder Kuchenduft im Haus. Auch die Tatsache, dass Frauen um die fünfzig ihre Vergänglichkeit stärker bewusst wird als Männern, ist repräsentativ. Es ist kein Zufall, dass ich mit fünfzig begonnen habe, Sterbende zu begleiten. Wenn man altert, treibt einen dieses Gefühl an, kurz vor Schluss noch schnell die ganze Welt verstehen zu wollen. Man liest mehr Sachbücher als Romane und sucht überall Zusammenhänge.

Eine Menge Erfahrungsberichte vom Sterben sind in letzter Zeit erschienen, lauter Bücher, die erzählen, wie sich das Leben verändert, wenn man den Tod erwartet. Es sind Innenansichten von Schriftstellern oder Journalisten, also von professionellen Autoren, die ihren Tod so reflektieren wie sie ihr Leben lang geschrieben haben: Wortgewaltig, sprachmächtig, anrührend, witzig, überspitzt. Die meisten von ihnen kommen aus England, wo die Hospizbewegung entstanden ist und man offenherziger übers Sterben spricht als anderswo. So ist ein neues Genre entstanden, eine Art Sterbeliteratur-Kanon der Babyboomer. Sie haben im Vergleich mit früheren Generationen wegen des medizinischen Fortschritts mehr Zeit, den eigenen Verfall zu beobachten, einzuordnen und im Detail zu beschreiben. Die moderne Version des Todes sind Krankheiten, die sich lange hinziehen: Krebs, Alzheimer, Parkinson. Oft gehen dem Sterben viele Jahre als Todgeweihter voraus. Die Lebensspanne verlängert sich, aber die Vitalität hält nicht Schritt. Das damit verbundene antizipatorische Trauern um den Verlust der Welt ist ein Phänomen unserer Zeit.

Ich habe den Sterbeliteratur-Kanon gierig verschlungen, getrieben von der Erwartung, darin etwas über den Tod zu erfahren, was mir das Leben nicht verrät, vielleicht auch übers Leben, denn darum geht es ja beim Tod. Warum ist das so? Warum dieses intensive Nachdenken über den Tod, wenn man weiblich und fünfzig ist und vollkommen gesund?

Mit fünfzig befinde man sich auf dem Heimweg – zurück in das Nichts, aus dem wir gekommen sind. Zurück in den großen Schlaf. So steht es in dem Buch *Anfänge. Und so weiter* von Jean-Martin Büttner. Mit fünfzig fange das Sterben an, schreibt er. Das klingt niederschmetternd, leuchtet nüchtern betrachtet jedoch ein, denn biologisch gesehen hat jeder Mensch, wenn die Zeit der Reproduktion vorüber ist, seine Aufgabe erfüllt.

»Die Fülle endet, wenn wir der Natur das Lösegeld zahlen, wenn wir ihr Kinder übergeben. Dann ist sie fertig mit uns, und aus uns wird, erst innerlich, dann auch äußerlich, Abfall. Welke Blumenstängel«, so grandios unsentimental hat John Updike diese Zäsur in einem seiner Rabbit-Romane beschrieben, einer vierbändigen Reihe über die verschiedenen Stufen im Leben eines Durchschnittsamerikaners. *Game over*, lautet die Botschaft der Natur.

Frauen trifft das Ende ihrer Fruchtbarkeit und die oft damit zusammenfallende Aussicht auf ein *empty nest* besonders hart. Kein Wunder, dass sie darüber nachdenken, was jetzt noch kommt. Was nach der Menopause passiert, ist, aus Sicht der Evolution, kaum noch interessant. Dass die Evolution Frauen trotzdem eine weitere Lebensspanne gewährt, erklären Wissenschaftler mit der sogenannten Großmutter-Hypothese: Die Überlebenswahrscheinlichkeit von Kindern war früher größer, wenn die Großmütter in die Familie eingebunden waren.

Bei den Leuchtkalmaren, einer kleinen, mit leuchtenden Photorezeptoren ausgestatteten Tintenfischart in Japan, sterben die Weibchen sogar unmittelbar, nachdem sie ihre Eier abgelegt, ihren Zweck also erfüllt haben. Weil die Weibchen zu erschöpft sind, um in die Tiefe des Meeres zurückzukehren, wo sie herkommen, werden sie an den Strand gespült. Zum letzten Mal in ihrem Leben leuchten sie auf, dann sind sie tot. Eindringlicher könnte die Natur ihre Botschaft, dass die Fortpflanzung Dreh- und Angelpunkt des biologischen Lebens ist, kaum inszenieren.

Die Evolution hat sich immer schon mehr um die Fortpflanzung als um die Alten gekümmert. Im Darwin'schen Sinn lebt ein Einzelorganismus nicht für sich selbst. Seine

Lebensaufgabe liegt nicht mal darin, weitere Organismen zu erzeugen, also für Nachkommen zu sorgen. Er reproduziert Gene und dient als deren Zwischenträger. Der englische Biologe Tom Kirkwood hat ihn deshalb auch als »Wegwerfkörper« *(disposable soma)* bezeichnet, vergleichbar mit Einwegflaschen, die nur eine begrenzte Zeit gebraucht werden.

Die Theorie vom Wegwerfkörper erklärt, warum bestimmte Krankheiten wie Arthritis und Demenz erst im Alter auftreten. Der Evolution ist es egal, ob der Mensch bis ins hohe Alter gesund ist. Entscheidend ist vielmehr, ihn für Fortpflanzung und Aufzucht des Nachwuchses fit zu halten. Sobald die Reproduktion vollzogen und der Nachwuchs selbständig ist, gibt es aus evolutionärer Sicht keine Notwendigkeit für ein gesundes Weiterleben des Organismus.

Auch den 91-jährigen Harry Rebmann beschäftigt die Frage, warum wir altern.

»Wussten Sie, dass ein Grönlandwal bis zu zwei Jahrhunderte leben kann?«, fragt er eines Nachmittags.

»Nein, das höre ich von Ihnen zum ersten Mal. Interessant! Das heißt, es gibt eigentlich keine Obergrenze für Säugetiere. Wir können theoretisch auch 200 werden? Puh, was für eine Aussicht.«

»Ich habe einen Freund, der ist Biologe. Er sagt, mehr als 120 Jahre kann der Mensch nicht alt werden.«

»Und? Was würden Sie tun, wenn Sie noch dreißig Jahre zu leben hätten?«

Harry Rebmann zuckt ratlos die Achseln. »Ich habe alles erreicht, was ich erreichen wollte, und alles gemacht, was

ich machen wollte. 91 ist doch ein gutes Alter, um zu …« Er
stockt.

»Um zu gehen?«

»Ja. Mein Leben ist vollendet.«

Alles, was lebt, altert. Wir wissen, warum wir Nahrung
zum Überleben brauchen und wozu unsere Sinnesorgane
gut sind. Aber wozu ist Altern gut? Was ist der Sinn von
Verfall und Tod? Der Tod ist ein Energiesparmodus der
Natur, eine simple Kosten-Nutzen-Rechnung: Es ist weniger aufwändig, ein Individuum durch ein jüngeres zu
ersetzen, als das Ursprungsexemplar intakt zu halten. Die
Entschlüsselung des menschlichen Genoms um die Jahr-
tausendwende hat zwar zu enormer Bewegung in der Altersforschung geführt, doch noch immer ist Altern ein naturwissenschaftlich schwer zu erklärendes Phänomen.

Biologisch ist die Entwicklung, die schließlich zum Tod
führt, in der Zellteilung begründet. Früher dachte man,
Zellen seien unsterblich und könnten sich ewig teilen. Bis
der englische Wissenschaftler Leonard Hayflick Anfang
der Sechzigerjahre entdeckte, dass mit der ungefähr fünf-
zigsten Teilung eine Grenze erreicht ist. Dieses sogenannte
Hayflick-Limit beschreibt den Zeitpunkt, an dem die Telo-
mere, also die Enden der Chromosomen im Zellkern, eine
kritische Länge erreicht haben und der Zelltod einsetzt.

Jeden Tag lösen sich Milliarden Zellen, die ineffektiv geworden sind, in unserem Körper auf, ohne dass wir davon
etwas merken. Wir sterben von Geburt an viele kleine Zell-
tode – und bereits davor, denn im Hirn eines Embryos werden Neuronen eliminiert, die keine Verbindung zu anderen
Neuronen herstellen können. Auch die Tatsache, dass wir

Zehen und Finger haben, rührt daher, dass die Zellen in den Zwischenräumen vom Organismus in der Entwicklungsphase bewusst zerstört worden sind. Das Lebensalter einzelner Zellen variiert je nach ihrer Funktion. Dünndarmzellen beispielsweise werden kaum älter als einen Tag, eine Nervenzelle hingegen wird rund 60 Jahre alt.

Solange wir jung sind, spielt der fortlaufende Zelltod keine Rolle, denn jede Zelle wird sofort durch eine neue, leistungsfähige Zelle ersetzt. Doch irgendwann ist das Potenzial erschöpft, und die Fähigkeit der Zellen, sich zu teilen, versiegt. Es bilden sich keine neuen Zellen nach. Deshalb verschlechtern sich die Körperfunktionen mit zunehmendem Alter, und die logische Folge ist der Tod. Biologisch gesehen sterben wir also zeit unseres Lebens jeden Tag ein bisschen, und irgendwann ist der Punkt ohne Wiederkehr erreicht.

Physiker erklären den Prozess des Alterns mit dem Gesetz der Entropie. Demnach setzt sich an einem gewissen Punkt Unordnung durch, weil die Energie, die das Gefüge aus Atomen zusammenhält, aus dem der Mensch beschaffen ist, irgendwann aufgebraucht ist. Anders ausgedrückt: Die permanente Anstrengung, sich gegenüber dem Chaos der Außenwelt ihre Organisation zu bewahren, führt letztlich zum Tod der Körperzellen. So gesehen liegt die Ursache des Alterns im Leben selbst – im Verschleiß. Obendrein sammelt sich im Lauf der Jahre Müll an: Giftige oder sperrige Stoffwechselprodukte, sogenannte freie Radikale, stören den reibungslosen Ablauf der Prozesse und schädigen die Zellen. Irgendwann läuft das Programm dann nicht mehr reibungslos ab und kann nicht repariert werden.

Egal, aus welcher Perspektive man die Sache betrachten

will: Der menschliche Organismus ist so beschaffen, dass er sich nach einer bestimmten Anzahl von Jahren selbst vernichtet. Doch keine dieser naturwissenschaftlichen Erklärungen für den Tod sagt etwas darüber aus, wie man den Übergang vom Sein zum Nichtsein gut bewältigt. Auch Harry Rebmanns Freund, der Biologe, kann nichts darüber sagen. Niemand weiß im Voraus, welche Optionen man am Ende hat und wie sich das anfühlt. Man kann hoffen, einen Weg zu finden, um den Tod zu akzeptieren, aber genauso gut kann es sein, dass man am Ende gegen ihn kämpft.

Harry Rebmann findet Halt in seiner Religiosität. In seiner protestantischen Kirchengemeinde ist er seit vielen Jahren fest verankert, die Gemeinschaft gibt ihm Rückhalt, sie ist eine Art zusätzliche Heimat, er hat dort etliche Jugendfreizeiten organisiert und in Gottesdiensten Orgel gespielt, als junger Mann im Kirchenchor seine Frau kennengelernt. »Ich glaube, nach dem Tod gibt es Geborgenheit in einer anderen Dimension«, sagt er bei einem unserer Treffen. Aus seiner Sicht ist der Tod ein Übergang von einem Raum in den nächsten.

Einen Monat, nachdem wir uns kennengelernt haben, besuche ich Harry Rebmann das letzte Mal. Es ist der Tag vor den Sommerferien, ich werde eine Zeit lang nicht in Berlin sein, und Harry Rebmann fragt, ob der Hospizdienst eine Vertretung schicken kann.

»Das ist gar kein Problem, ich rufe Sie morgen an und sage, wer an meiner Stelle kommt.«

»Wo machen Sie Urlaub?«

»Erst fahre ich aufs Land nach Mecklenburg, dann nach Frankreich in die Nähe von Biarritz.«

»Als die Kinder aus dem Haus waren und meine Frau und ich große Reisen gemacht haben, das war eigentlich die schönste Zeit in meinem Leben.«

»Und woran freuen Sie sich zurzeit?«

»Übermorgen kommen ein paar Freunde aus der Kirche zu mir, darauf freue ich mich. Ich muss gar nichts machen, die bringen alles mit. Nur, dass man sich noch mal sieht.«

»Gibt es auch etwas, das schmerzt? Außer Ihrem Rücken natürlich«, frage ich ihn.

»Dass mein Sohn sich gar nicht mehr in der Gemeinde engagiert. Meine Schwiegertochter ist Atheistin, meine Enkelin nicht mal getauft. Das ist mein einziges Weh der letzten Jahre.«

Später erzählt Harry Rebmann beiläufig, er wolle sich demnächst mit dem Pfarrer treffen, um seine Beisetzung und den Trauergottesdienst zu planen.

Aber bevor es dazu kommt, geht Harry Rebmanns Leben zu Ende. Den Sohn an seiner Seite, schläft er zu Hause ein, wie damals seine Frau. Ein gnädiger Tod, sagt der Pfarrer. Am Ende kam er unerwartet schnell.

Auf dem Friedhof

An einem schwülen Augustmorgen stehe ich in einer Friedhofskapelle in der Mitte Berlins. Die kleine Kapelle hat ein rundes Kupferdach und ist aus roten Terrakottasteinen gemauert, ein Stück italienische Renaissance im nüchternen Berlin. An diesem Tag wird Willi Nowak beerdigt, ein Mann ohne Verwandte, der die letzten Monate seines Lebens im Lazarus Hospiz verbracht hat. Willi Nowak ist bereits seit zwei Monaten tot und hat nichts hinterlassen, keinen letzten Willen und auch kein Geld. Zwei Monate hat es gedauert, um alle Formalitäten zu erledigen: Nachforschungen des Bestattungsunternehmens, ob möglicherweise Hinterbliebene die Beerdigungskosten übernehmen können, führten zu nichts, jetzt geht die Rechnung ans Sozialamt. Armenbegräbnis nannte man das früher.

Irmgard, Willi Nowaks Sterbebegleiterin, hat eine kleine Trauerfeier vorbereitet. Damit die Beisetzung auf dem Alten Domfriedhof der katholischen St.-Hedwigs-Gemeinde weniger trübselig wird, hat sie andere Begleiter und einen Trompetenspieler zur Verstärkung gerufen. Wir sind zu siebt.

Irmgard ist in ihren Sechzigern und ein feiner Mensch ohne Allüren. Jemand, der kein Aufhebens von seinen guten Taten macht. Sie hat sich vor einigen Jahren entschieden, Sterbende zu begleiten, nachdem sie am Beispiel ihres Vaters erlebt hatte, wie würdelos ein Leben im Krankenhaus zu Ende gehen kann: »Damals schob man die Leute zum Sterben noch in die Besenkammer, und da hab ich mir gedacht: So soll es nicht sein.«

Fünfzehn Minuten in der Kapelle und fünfzehn am Grab von Willi Nowak sind laut Ablaufplan des Bestattungsinstituts eingeplant. Das Institut wirbt auf seiner Website mit Sargdiscount und Tiefstpreisgarantie, ab 888 Euro ist eine Feuerbestattung zu haben, noch günstiger ist die anonyme Beisetzung mit Kremierung in Tschechien, die gibt es für 525 Euro alles inklusive.

Wir warten bereits eine Weile in der Kapelle, als ein Mitarbeiter des Bestattungsinstitutes hereinkommt. Der Mann in Anzug und Krawatte hat offensichtlich nicht mit Gästen gerechnet, er wirkt überrascht. »Bei mir steht stille Beisetzung. Kapellen-Benutzung kostet 150 Euro extra.« Irmgard verweist auf Absprachen mit dem Sozialamt, sie wirbt und verhandelt, am Ende dürfen wir bleiben, gegen Bezahlung, versteht sich.

Der Mann geht wieder raus und kommt mit der Urne zurück, sein Gesichtsausdruck ist jetzt verändert, er macht einen feierlichen Eindruck oder was er dafür hält. Gravitätisch durchschreitet er den Raum und setzt die Urne auf einem mit Blumen geschmückten Standfuß ab, bleibt einen Moment stehen, faltet die Hände, tritt zurück.

Irmgard hat sich Abschiedsworte aufgeschrieben. »Wenn ich mit Schokolade, Brause, Keksen, Pudding, Zigaretten und einer Zeitung anrückte, haben Sie sich riesig gefreut. Körperliche Nähe war Ihnen unangenehm. Bei meinem letzten Besuch, es war der Tag vor Ihrem Tod, nahmen Sie meine Hand. Danke! Leben Sie wohl, Herr Nowak.« Es folgt Trompetenmusik, und die Szene ist in ihrer schlichten

Aufrichtigkeit so rührend, dass ich schlucken muss. Hier, in dieser Kapelle, habe ich Würde am wenigsten erwartet.

In der öffentlichen Diskussion über das moderne Sterben ist viel vom »Tod in Würde« die Rede, aber was damit gemeint ist, bleibt unscharf. Ausgangspunkt ist eine technisierte Medizin, die Menschen etwa mit Hilfe von künstlicher Ernährung oder Beatmung sehr lange am Leben erhalten kann. Der Sterbeprozess wird dadurch hinausgezögert – oft bis zu einem Punkt, an dem das Vegetieren mit Hilfe von Maschinen als würdelos empfunden wird.

Der Mediziner Matthias Gockel hat mal in einem Zeitungsinterview gesagt, wir könnten Menschen heute auf eine Art zu Tode schinden, die es früher nicht gab. Gockel ist Internist und hat die Palliativstation einer Klinik im Norden Berlins aufgebaut. Als Beispiel solcher Schinderei nennt er die Krankengeschichte einer 18-jährigen Trapezkünstlerin, die mit einem extrem bösartigen Hirntumor ins Krankenhaus kam und im Laufe eines Dreivierteljahres mittels Chemotherapie in ein glatzköpfiges, bewegungs- und sprachunfähiges Wesen verwandelt wurde, das von seinen Freunden nicht mehr erkannt wurde. Gut, sie hat länger gelebt, als ohne die Therapie zu erwarten gewesen wäre. Aber ist das ein Erfolg? Die weitreichenden medizinischen Möglichkeiten können einem das Sterben heute so richtig versauen. Oder in tiefe Verwirrung stürzen, so sieht es Gockels amerikanischer Kollege Atul Gawande: »In den vergangenen Jahren hat die Medizin Jahrhunderte von Erfahrung, Tradition und Sprache über unser Sterben obsolet werden lassen und eine neue Schwierigkeit für die Menschheit geschaffen: Wie soll, wie will man sterben?« Früher war Sterben eine Schicksalsfrage, heute ist es eine Frage von

Optionen. Wie beim Einkaufen im Alltag üblich geworden, muss man sich auch im Krankheitsfall vor einer Entscheidung umfassend informieren – muss Behandlungsmethoden und Einrichtungen prüfen, Produkte und Preise vergleichen. Der moderne Mensch plant die Entscheidung, wo und wie er sterben will, ähnlich strukturiert wie die Entscheidung, eine Reise zu buchen oder eine neue Küche zu kaufen.

Wir leben länger als früher und besser, Sterben ist zu einer eigenen Lebensphase geworden, die es zu gestalten gilt. Im Idealfall sorgt man zu Lebzeiten für den Todesfall vor und kauft sich vorausschauend im entsprechenden Kontext ein. Das gilt für die geburtenstarken Generationen der Babyboomer, von denen die Ersten jetzt das Rentenalter erreichen. Für die Kriegsgeneration, die jetzt fast ausgestorben ist, galt es nicht. Die Kriegsgeneration hielt das Sterben aus, anstatt es zu gestalten, sie hat den Tod beizeiten verdrängt. Anders wären sie gar nicht zu ertragen gewesen – all die Nachrichten über gefallene Söhne, Brüder, Männer, Väter, das Elend und Leid. Die Kriegsgeneration ist sparsam und stumm gestorben, so, wie sie auch andere schlimme Zeiten überstanden hat. Und weil sie es von den Eltern nicht anders gewohnt ist, verdrängt auch die Generation der Kriegskinder vielfach den Tod.

Willi Nowak hatte Glück, dass im Lazarus Hospiz ein Bett frei war, als es zu Ende ging, aber hatte er eine Wahl? Und was ist mit all den anderen, die in den nächsten Jahren sterben? 925 200 Sterbefälle meldet das Statistische Bundesamt für 2015, Tendenz steigend. Dem gegenüber stehen 235 Hospize mit bundesweit durchschnittlich je 14 Betten sowie 2507 Betten auf Palliativstationen. Die meisten Menschen sterben gegenwärtig im Krankenhaus, es sind über fünfzig Prozent. Sterben ist zu einer großen öffentlichen Aufgabe geworden, Sterben ist teuer in Zeiten moderner Medizin. Im öffentlichen Gesundheitswesen fehlt das Geld, im Haushalt vieler greiser Menschen ist es sowieso knapp. Die Altersarmut wächst. Können wir uns als Gesellschaft das, was Ärzte tun, überhaupt noch leisten? Die Schere geht immer weiter auseinander. Während bei den Krankenkassen die Verluste steigen, entwickeln Medizintechniker Hightech-Prothesen, die über das Nervensystem gesteuert werden. Geronto-Technologen erfinden Verfahren, um Pflegepersonal zu entlasten – etwa mit Durst-Sensoren, die den Dehydrierungsgrad älterer Menschen anzeigen und sie ans Trinken erinnern. Gleichzeitig steigt in den Kriminalstatistiken die Zahl der Straftäter, die über sechzig sind. Oft klauen sie aus wirtschaftlicher Not. Die Altersmedizin boomt, sie ist die Branche der Zukunft – aber wer kann sie bezahlen? Früher, bevor es Penicillin gab, war Medizin billig und uneffektiv. Heute ist sie teuer und für viele unerschwinglich. Nur für wenige Menschen ist Autonomie am Lebensende überhaupt eine Option. »Würde« kann sich am Ende nur eine Minderheit leisten.

Am Tag von Willi Nowaks Beerdigung haben wir nach der kleinen Trauerfeier die Kapelle im Gänsemarsch verlassen, angeführt vom Bestatter, der die Urne trägt. Wir ziehen an knienden Engeln aus Marmor und üppigen Kränzen vorbei, an Gedenktafeln, die mit Efeu überwachsen sind, und an ordentlich mit Buchsbaum eingefassten Gräbern. Bei einem frisch ausgehobenen Erdloch machen wir Halt.

»Ruhe sanft«, brummt der Bestatter und lässt die Urne

an einer Kette langsam in das Loch sinken. Einzeln treten wir vor und werfen eine Handvoll Erde auf die Urne. Irmgard hat jedem eine Rose in die Hand gegeben, die kommen ebenfalls ins Grab. Wir beten gemeinsam ein Vaterunser, ein letztes Trompetenstück, und dann schaufelt der Bestatter die restliche Erde aufs Grab. Wir zerstreuen uns.

Ich suche das Grab von Theodor Fontane, der auf dem Friedhof der Französisch-Reformierten Gemeinde beerdigt ist, ein Friedhof, der in das Gelände des Alten Domfriedhofs von Herrn Nowak übergeht. Im Schlendern denke ich an den Theologen Gisbert Greshake, der sich viel mit Leid, Schmerz und Tod beschäftigt hat. In einem Vortrag hat Greshake den Himmel als »soziale Größe, kein privates Tête-à-tête mit Gott« definiert und die Hölle als totale Einsamkeit und radikales Isoliertsein. Laut Greshake ist der Mensch umso mehr Mensch, als er nicht um sich selbst kreist. Dieses stark auf Gemeinschaft gründende Weltbild ergibt in der Sterbebegleitung besonders viel Sinn. Kurz vor seinem Tod griff Willi Nowak nach Irmgards Hand. Er war vielleicht einsam, aber er war nicht beziehungslos.

In Willi Nowaks letztem Lebensjahr hat der Bundestag ein neues Gesetz zur Sterbehilfe verabschiedet. In dieser Zeit ist viel übers Sterben gesprochen worden, öffentlich und privat. Der Diskurs setzt sich fort, und die Heftigkeit, mit der er geführt wird, erinnert an den langen Streit um den Paragrafen 218, den Streit um die Neuregelung des Abtreibungsrechts Mitte der Neunzigerjahre. Auch bei der Sterbehilfe geht es um Freiheit und die Emanzipation von Kirche, Staat und Moral. Es geht um das Recht, selbst entscheiden zu dürfen, wann und wie man sein Leben beschließt – es geht um freien Willen und Selbstoptimierung, den großen Trend unserer Zeit. Aktive Sterbehilfe, wie sie etwa in Belgien und den Niederlanden erlaubt ist, bleibt in Deutschland auch nach der Gesetzesreform verboten, obwohl die Mehrheit sich eine solche wünscht, je nach Umfrage sind bis zu 70 Prozent dafür. In Gesprächen taucht immer wieder der Begriff »Würde« auf, egal, auf welcher Seite man steht, ob man für oder gegen das Recht auf Sterbehilfe kämpft.

Verfechter aktiver Sterbehilfe sagen, es gehe um nichts Geringeres als Freiheit, die es zu erstreiten gilt. Wir dürfen Menschen nicht vorschreiben, wie sie zu sterben haben. Wer den assistierten Freitod stigmatisiert, degradiert sich selbst zum autoritätsgläubigen Untertanen, denn er ermöglicht der Gemeinschaft Kontrolle über den Einzelnen in einem sehr intimen Bereich. »Will ich mich beugen, will ich mich ergeben, dem Alter, der Krankheit, der Demenz, dem Verschwinden, dem Leben? Will ich um Hilfe bitten, kann ich um Hilfe bitten, ist das das Wesen des Menschen, dass er Hilfe annehmen kann, ist es auch das, was ihn ausmacht? Und wenn nicht, wer will sich anmaßen, darüber zu urteilen, wenn ich keine Hilfe will und keine Hilfe brauche und einfach sterben will, weil ich es will, wie ich es will?«, schreibt der Publizist Georg Diez, ein leidenschaftlicher Verfechter von Sterbehilfe.

Gegner aktiver Sterbehilfe befürchten, aus der Möglichkeit könne ein moralischer Zwang werden – in dem Sinne, dass alte Menschen Sterbehilfe in Anspruch nehmen, um ihren Angehörigen nicht länger zur Last zu fallen. Sterbehilfe könnte auch dazu missbraucht werden, Engpässe im Gesundheitswesen zu beheben. Zudem finden es viele Menschen anmaßend, den Zeitpunkt des Todes selbst zu bestimmen, weil Sterben ein natürlicher Prozess ist, der selbstverständlich zum Leben gehört. Ihnen gilt es als Ausweis menschlicher Größe und Vornehmheit, den Tod als Grunderfahrung des Daseins zu begreifen und ihm würdevoll zu begegnen, das Sterben nicht zu fürchten. Der italienische Jesuitenpater Robert Bellarmin etwa berichtet in seiner *De arte bene moriendi* aus dem 16. Jahrhundert von einem freigeistigen Advokaten, der mit einer Haltung stirbt, als bräche er zu einem Aufenthalt in seinem Landhaus auf. Auch der Historiker Philippe Ariès beschreibt in seiner *Geschichte des Todes* das Ideal aufgeklärter Gelassenheit gegenüber dem Lebensende: »Die Würde des Todes erfordert zunächst einmal, dass er anerkannt wird. Und zwar nicht nur als wirklicher Zustand, sondern als entscheidendes Ereignis, das nicht in aller Heimlichkeit beiseitegeschoben werden darf.«

Ariès' Monumentalwerk über den Tod ist Pflichtlektüre für jeden, der sich ernsthaft mit dem Sterben auseinandersetzt, es beschreibt die wechselnden Einstellungen gegenüber dem Sterben in Europa von der Antike bis zu den Achtzigerjahren. Der rote Faden ist der allmähliche Wandel vom öffentlichen zum privatisierten Sterben. Ariès beschreibt die Entwicklung von einem Tod, der öffentlich begleitet und mit Hilfe fester Sterbe- und Trauerrituale aufgefangen wird, hin zu einem einsamen Sterben das den Menschen in der Sicht von Ariès um seinen Tod betrügt. Jemanden um seinen Tod betrügen heißt, ihn bewusst im Unklaren über sein Sterben zu lassen – eine Haltung, die im 20. Jahrhundert weit verbreitet war und im Medizinalltag immer noch zu finden ist. Im Krankenhaus bleibt der Sterbende oft bis zuletzt ein Patient: Man stirbt heutzutage nicht mehr an Altersschwäche, sondern an etwas, das es nach herrschendem medizinischen Standard zu behandeln gilt. Um noch einmal mit Ariès zu sprechen: »Der moderne Mensch hält sich den Tod vom Leib, indem er ihn mit der Krankheit maskiert.«

Die Sterbehilfe-Debatte verleiht dem Tod den Charakter eines Rechtsaktes. Sterben im 21. Jahrhundert ist Teil der Gesundheits- und Rechtspolitik. Dabei müsste gar nicht das Strafrecht geändert werden, um in Deutschland »würdig« zu sterben, sondern die Tristesse in den Altenheimen verschwinden. Viele greise Menschen wollen sich das Leben nehmen, um so dem Einzug ins Heim zu entgehen. Altersstudien zeigen, dass der Wunsch schwerkranker und alter Menschen, ihr Leben aktiv zu beenden, oft auf depressive Stimmungen zurückgeht und nicht Ausdruck eines freien Willensaktes ist. Hier geht es nicht um Gestaltungsfreiheit, sondern um die Wahl zwischen zwei Übeln. Ohnehin können sich nur wenige Gestaltungsfreiheit am Lebensende überhaupt leisten. Aus dieser Perspektive wirkt die Forderung nach selbstbestimmtem Sterben wie eine Utopie der Privilegierten und Wohlhabenden, derjenigen, die so gut vernetzt und informiert sind, dass sie den rechten Ort und die rechte Form zu sterben für sich realisieren können.

Der Theologe Hans Küng hat sich nach einer Parkinson-Diagnose zum Sterben aus der Öffentlichkeit zurückgezogen. In einem Interview hat er gesagt, für ihn sei die Zeit zu sterben gekommen, wenn er bei sich Zeichen von Demenz spüre. Küng will sein Leben selbst beenden, wenn er nicht mehr klar denken und arbeiten kann – wenn er »keine Aufgabe mehr zu erfüllen hat«.

Dieser Satz kommt mir in den Sinn, als ich nach der Beerdigung von Herrn Nowak über den Friedhof laufe. In diesem Moment erscheint mir Küngs Satz furchtbar arrogant. Die meisten alten Leute, die ich kenne, haben keine Aufgabe mehr zu erfüllen – sollen die sich etwa alle umbringen? Und was ist mit den Arbeitslosen, gilt das, wenn man Küngs Gedanken konsequent fortführt, dann auch für sie? Mit der Lebenswirklichkeit der Mehrheit alter und kranker Menschen hat dieser Standpunkt jedenfalls wenig zu tun. Er fügt sich nahtlos in die Luxusdebatte einer intellektuell erhabenen Minderheit, die vom Rest des Landes längst abgekoppelt ist. In die Schweiz fahren, sich seinen Fans und Nachkommen schriftlich erklären, ein letztes Abendessen im Baur au Lac genießen und dann im Hotelzimmer den Sterbebecher von Dignitas zu sich nehmen – so selbstbestimmt und schick und zeitgemäß das klingt, ist es nicht gleichzeitig Ausdruck einer narzisstisch-hedonistischen Lebenskultur? Jeder denkt zuerst an sich selbst, und wenn es hässlich oder anstrengend wird, macht man sich aus dem Staub.

Irgendwas fühlt sich falsch an bei dem Gedanken, um jeden Preis so stilvoll aus dem Leben scheiden zu wollen, dass man das unästhetische Ende einfach abschneidet. Andererseits: Warum sollte man den Tod nicht planen dürfen? Warum sollte fürs Lebensende nicht gelten, was durch die Reproduktionsmedizin am Lebensanfang längst Standard ist? Aus dieser Perspektive erscheint der Gedanke, geordnet und geplant aus dem Leben gehen zu können, nur eine Frage der Gewöhnung.

Es ist schwer, eine pauschale Haltung zur Sterbehilfe einzunehmen, schwer vor allem deshalb, weil die Debatte ideologisch gefärbt ist. Man gilt heute schnell als konservativ und spießig, wenn man Sterbehilfe ablehnt, und als liberal und fortschrittlich, wenn man sie unterstützt. Ich denke, es gibt Fälle, in denen aktive Sterbehilfe unbedingt gerechtfertigt ist. Und Fälle, in denen das Verlangen nach ihr einer Lebensmüdigkeit entspringt, die als Rechtfertigung allein nicht genügt.

Bei meinem Spaziergang über den Alten Domfriedhof lese ich auf Grabsteinen die Namen der berühmten Hotelierfamilie Adlon und des Textilfabrikanten Cloppenburg, auch Klinikdirektoren und Kunstreiter liegen hier begraben, Dichter, Bildhauer, ein Meisterkoch und viele namenlose Opfer einer Cholera-Epidemie aus dem vorletzten Jahrhundert. Der Friedhof wurde 1834 geweiht, entstanden zu einer Zeit, als das Gelände am nördlichsten Stadtrand Berlins lag. 1961 wurde mitten durch das Friedhofsgelände schnell und hart die Mauer gebaut. Heute ist es Teil vom zentralen Bezirk Mitte.

In die Erde, auf der ich laufe, sind über Jahrhunderte die Mineralstoffe sowohl prominenter als auch unbekannter Menschen eingegangen. Am Ende bleibt, rein materiell betrachtet, von jedem Einzelnen hauptsächlich Kalziumphosphat übrig, die mineralische Substanz der Knochen und Zähne von Wirbeltieren. Das gilt für Willi Nowak genauso wie für Theodor Fontane, vor dessen Grab ich schließlich stehen bleibe.

Zwei nebeneinanderstehende, auf Hochglanz polierte Granitstelen erinnern an den Schriftsteller und seine Frau Emilie, 1898 und 1902 gestorben. Die Grabstätte, ein Ehrengrab der Stadt Berlin, ist mit acht prätentiösen Eisenpfosten samt Kette eingefasst, was sie sich von ihrer struppigen Umgebung abheben lässt. Neben Fontane liegt Georg Minde-Pouet begraben, ein Germanist, der sich, wie ich später nachlese, vor allem mit Kleist beschäftigt hat. Minde-Pouet wurde 79 Jahre alt. Willi Nowak verstarb mit 71.

Draußen vor dem Friedhof joggt eine Berufskollegin vorbei. Sie winkt. In meinem Kopf verschmilzt ihre Gestalt mit Fontane und Herrn Nowak. Als ich gedankenverloren zurückgrüße, ist sie längst außer Sicht.

Sternstunden

ie kenne ich noch nicht!«, sagt Inge Keller und zieht die geblümte Bettdecke hoch bis übers Kinn.

»Ich bin vom Lazarus-Hospizdienst, meine Kollegin war neulich hier und hat mit Ihnen vereinbart, dass ich Ihnen Gesellschaft leiste, wenn Sie mögen.«

Die Bettdecke rutscht ein bisschen nach unten, blassgelbe Haut kommt zum Vorschein. Ich ziehe einen Stuhl heran. An der Wand hängen eine bunt bemalte Achtzig aus Holz und ein Plakat aus dem Mineralogischen Museum in München. Vasen mit Trockenblumensträußen sind im Zimmer verteilt, und überall liegen Kristalle. Wie in der Waldorfschule, denke ich und nehme einen glitzernden Rauchquarz in die Hand.

»Aus der Schweiz«, sagt Frau Keller. Sie lächelt schwach und wirkt, als wollte sie noch viel mehr sagen, aber nicht jetzt, nicht hier, als legte sie mir stillschweigend eine Fährte aus. Keine Ahnung, wohin sie mich führt.

Ich bin auf einen kurzen Einsatz eingestellt, denn es heißt, Frau Keller werde in den nächsten Tagen sterben. Die alte Dame ist sehr geschwächt und trinkt nichts mehr. Im Altenheim ist sie sehr beliebt: Immer sanft und freundlich. Man möchte ihr gern etwas Gutes tun und hat deshalb im Hospiz Unterstützung angefragt. Das Heim ist in einem bürgerlichen Viertel gelegen, ein fünfstöckiger Altbau mit Erkern und Balkonen. Die Innenräume verströmen die großzügige Atmosphäre vergangener Zeiten: Auf einem Buffetschrank in der »Beletage« stehen Blumen und Obst, die Räume haben hohe Decken, es riecht nach gestärkten Gardinen. Geführt wird das Haus als gemeinnütziges Unternehmen der evangelischen Kirche, die Preise sind moderat. Es ist ein angenehmer Ort.

Vor meinem ersten Besuch bei Inge Keller habe ich ihre Kinder kennengelernt. Die Tochter ist überstürzt aus Italien angereist, als die Heimleitung ihr nachts am Telefon mitteilte, es gehe wohl zu Ende mit ihrer Mutter, die Blutwerte seien schlecht. Seit fünf Tagen ist sie jetzt in Berlin, sitzt viele Stunden am Bett der alten Frau oder arbeitet im Zimmer, allmählich drängt die Zeit, sie wird in Mailand gebraucht. Am Telefon erzählt sie, der Zustand ihrer Mutter habe sich erstaunlich verbessert, seit sie bei ihr ist.

»Was meinen Sie, wie lange soll ich noch bleiben?«, fragt sie.

»Das kann ich Ihnen leider nicht sagen. Kann man nie genau voraussehen, wann ein Mensch stirbt«, antworte ich und bedaure noch im gleichen Moment meine phrasenhafte Antwort. Das weiß die Frau sicher selbst, dass der Tod unberechenbar ist.

»Ihre Mutter ist offenbar gut versorgt, jetzt geht es um Sie selbst: Fühlt es sich okay an, wenn Sie fahren? Oder haben Sie den Eindruck, Sie müssen noch etwas klären mit ihr? Vertrauen Sie Ihrem Instinkt«, füge ich hinzu. Wir beide sind gleich alt, sie tut mir leid. Ich kenne dieses Gefühl der Zerrissenheit – hier der Wunsch, die alten Eltern zu umsorgen und dort das eigene, fordernde Leben. Nichts bereitet auf den Rollentausch vor, der stattfindet, wenn sich nicht mehr die Eltern um einen sorgen, sondern man selbst

Sorge um die Eltern hat. Niemand bringt uns bei, was zu tun ist, wenn die Eltern es nicht mehr allein schaffen, egal, ob Alter oder Krankheit das gewohnte System zum Einsturz bringt.

Am nächsten Tag fährt Frau Kellers Tochter ab.

Der Sohn umreißt bei einem Espresso in der Cafeteria des Altenheims die Lage. Vor zwei Jahren ist sein Vater überraschend gestorben, ein Unfall. Schlagartig ist im Allgäu, wo die alten Kellers wohnen, nichts, wie es einmal war. Die ehemals energische Frau Keller verbringt nach dem Tod ihres Mannes die meiste Zeit im Bett, sie lässt sich hängen. Dann verletzt sie sich bei einem Sturz, will ihr Haus aber nicht verlassen. Ihr Sohn klappert derweil in Berlin Altenheime ab, und was er davon erzählt, erinnert mich an die Suche nach einem Kindergartenplatz: Man schaut sich Dutzende Einrichtungen an, findet die meisten davon inakzeptabel und lässt sich dort, wo man es schön findet, auf ellenlange Wartelisten setzen, meist ohne Hoffnung auf einen freien Platz. Inge Kellers Sohn jedoch hat Glück: Zufällig ist im Heim seiner Wahl ein Zimmer frei. Er lockt die widerspenstige Mutter behutsam in seine Stadt. Inge Keller freundet sich langsam mit der neuen Umgebung an, sie macht Spaziergänge und kleine Ausflüge, bekommt Besuch von ihrer Enkelin, hört Konzerte. Sie lebt auf.

Die Kinder haben dieses Jahr begonnen, das Elternhaus im Allgäu aufzulösen. Jedes Mal, wenn er hinunterfahre, verschlechtere sich der Zustand seiner Mutter, erzählt Inge Kellers Sohn, und wenn er zurückkommt, gehe es wieder bergauf. Ein Kräftemessen. »Ich treffe für meine Mutter jetzt alle Entscheidungen. Nicht so viel fragen, einfach machen – anders geht es nicht.«

Inge Keller ist Apothekerin und sehr an Anthroposophie interessiert. Wenn sie gut in Form ist, liest sie Rudolf Steiner. *Erdensterben und Weltenleben* aus der Gesamtausgabe liegt auf ihrem Nachttisch, auch ein rotes Sammelbändchen mit kurzen Losungen für jeden Tag. Als ich beim zweiten Besuch anbiete, daraus vorzulesen, winkt sie ab. Das Zuhören strengt zu sehr an. Wir müssen nicht reden, sage ich, und nehme ihre Hand.

»Ich war schon im Notarztwagen. Es ist keine schlechte Art, diese Welt zu verlassen«, flüstert sie nach einer Weile.

»Ich glaube, es geht noch besser«, sage ich und drücke ihre Hand.

Ein paar Tage später bin ich überrascht, wie gut sich Inge Keller erholt hat. Die gelbe Verfärbung ihrer Haut ist verschwunden, sie isst und trinkt, erzählt unvermittelt vom Unfalltod ihres Mannes.

»Ich war jetzt ja auch an der Himmelspforte, aber Petrus hat mich wieder zurückgeschickt. Siebzig, achtzig Jahre hat man Zeit, sich auf die große Prüfung am Lebensende vorzubereiten. Sich so zu benehmen, dass man irgendwann rein darf ins Paradies. Ich hab das Klassenziel noch nicht erreicht, das ist wie in der Schule.«

»Und jetzt?«, frage ich.

»Jetzt hänge ich hier noch ein bisschen rum.«

»Worüber freuen Sie sich im Moment?«

»Dass ich zum Abendbrot ein Bier bekomme.«

Ich schlage wahllos eine Seite im Buch mit den Steiner-Sprüchen auf und lese laut vor: »Indem die Menschen älter werden, werden sie nicht schwach oder gar schwachsinnig, sondern sie werden geistig-seelischer.« Ob das stimmt? Ich denke an Medard Kehl, den Jesuitenpater aus Frankfurt, den ich über sein Lebensgefühl in der Nähe des Todes befragt habe. Kehl hat mir ein Buch des über neunzigjährigen Schweizer Pfarrers Kurt Marti empfohlen, das Langeweile und Stumpfsinn des Alters ungewohnt schonungslos thematisiert. Dass alte Menschen vergeistigen, sei ein wunderliches Klischee, befand der kürzlich verstorbene Marti. In Wahrheit beschäftigten einen im Alter nur der Körper und dessen Defizite.

»Was schätzen Sie an den Schriften von Rudolf Steiner, Frau Keller?«

»Weil ich durch sie verstehe, wie alles miteinander zusammenhängt. Ich erkenne das große, bunte Mosaik, von dem wir alle nur ein winziges Teilchen sind. Es ist wichtig, ein eigenes Weltbild zu haben.«

Später, als ich zu Hause Salat für das Abendessen wasche, kreist Frau Kellers Bemerkung in meinem Kopf.

Habe ich überhaupt ein Weltbild? Um Naturwissenschaften habe ich immer einen Bogen gemacht, habe in Biologie und Chemie nichts begriffen. Ich habe mir die Welt anders zu erklären versucht, über die künstlerische Brechung einer Erzählung oder eines Films, wo es oft viel gemütlicher ist als in der Wirklichkeit. Mir sind Mythen und das Ungefähre näher als absolutes Wissen, manches will ich nur deuten, und ich glaube auch nicht, dass sich die großen Fragen des Lebens objektiv beantworten lassen. Aus der Weltformel, wenn man sie denn jemals findet, kann man keine Antworten ableiten – jedenfalls nicht auf die Fragen, die sich mir gegenwärtig stellen. Wozu gibt es den Tod? Wie sollen wir leben?

Mir geht es mit dem Leben wie mit technischen Geräten: Die Hardware setze ich als gegeben voraus, es ist mir gleichgültig, wie sie funktioniert, Gebrauchsanweisungen lese ich nur widerwillig und wenn es gar nicht anders geht. Meine Triebkraft ist die Software, ihr Gebrauch spornt mich an. Keine Frage, mein Weltbild ist bruchstückhaft, mein Zugang ignorant. Es fehlen wesentliche Teile, um Leben und Tod zu verstehen, vor allem den Tod.

Kein Weltbild zu haben sei ein Mangel, den wir am schmerzlichsten am Lebensende erfahren, schreibt die österreichische Schriftstellerin Lotte Ingrisch in ihrem *Reiseführer ins Jenseits,* »es ist, als hätten wir bei Regen, Sturm und Gewitter kein Haus. Wir sind unbeschützt, preisgegeben, verloren. Der Mensch muss seiner Seele ein Haus bauen, und dieses Haus ist ein Bild von der Welt. Jedes Weltbild verbindet die Seele mit dem Universum, das Individuum mit der Gesellschaft, das Leben mit dem Tod.« Ingrisch, Jahrgang 1930, ist nach eigenen Angaben vom Tod fasziniert, er ist ihr Lebensthema. Sie hat im Laufe der Zeit unzählige Märchen und Mythen studiert, sich in Quantenphysik vertieft und die Einstellungen zum Sterben verschiedener Kulturen und Religionen miteinander verglichen. Ihr Wissen sowie die eigenen sinnlichen und übersinnlichen Erfahrungen sind in ihre Hörspiele, Theaterstücke und Bücher eingeflossen. In den Neunzigerjahren gründete Ingrisch, eine Verfechterin legaler Sterbehilfe, die *Schule der Unsterblichkeit* und hielt Seminare, um Menschen die Angst vor dem Tod zu nehmen und sie für transzendente Erfahrungen zu öffnen. Ihr Blick auf den Menschen ist unsentimental: »Der Mensch ist eine große, frei bewegliche Zellkolonie, die sich kaum von anderen Zellkolonien unterscheidet. Sie trägt Hüte, Regenschirme, heiratet, vermehrt sich und stirbt.«

Frau Kellers Bemerkung über das Weltbild lässt mich nicht los. Was hat das Universum mit mir zu tun? Ausgerechnet in einem Kochbuch finde ich eine Spur – nämlich den merkwürdigen Satz: »Wir alle bestehen aus Partikeln der Sterne.« Das Kochbuch ist eine Rezeptsammlung aus dem Studio des Künstlers Ólafur Elíasson, der sein gesamtes Team an jedem Arbeitstag professionell bekochen lässt. Das prächtige Buch variiert auf vielfältige Art die Aussage, dass Wachsen, Essen und Verdauen einen ewigen Kreislauf bilden. »Deine Identität hüpft von Atom zu Atom. Die Atome aus dem, was du letzten Monat zu Mittag gegessen hast, bilden ein Muster, das dir hilft, dich an deine Kindheit zu erinnern. Deine Erinnerungen bleiben, aber die Möhren und Gurken, mit denen sie befördert werden, verändern sich«, ist in *The Kitchen* zu lesen.

Alles hängt mit allem zusammen. In seiner künstlerischen Arbeit beschäftigt sich Elíasson mit physikalischen Phänomenen in der Natur; Wasser und Licht spielen eine zentrale Rolle. Kochen ist laut Elíasson die Herstellung von Wirklichkeit, »die Zutaten wachsen durch Sonnenlicht, wir essen praktisch Licht«. Seine Kunst ist die Verbindung des Spirituellen mit dem Realen.

Sind wir wirklich Sternenstaub, wie es in *The Kitchen* steht? Der Gedanke gefällt mir, weil er märchenhaft klingt. Aber was ist wahr daran, was steckt dahinter?

Natürlich ist auch die Frage allen Anfangs Interpretation, niemand kann zuverlässig erklären, wie das Universum entstand. Erst vor wenigen Jahren haben Wissenschaftler herausgefunden, dass das Universum eben mal 80 Millionen Jahre älter ist als bislang angenommen. Man geht heute davon aus, dass es vor etwa 13,8 Milliarden Jahren aus reiner Energie entstanden ist. In einem einzigen, unfassbaren Moment bildeten sich Bedingungen, unter denen Materie entstehen konnte: Zunächst Elementarteilchen, dann, als sich das All immer weiter abkühlte, Atomkerne und Elemente. Es vergingen noch mal einige Millionen Jahre, bis Sterne zu leuchten begannen. Irgendwann waren dann die Voraussetzungen für pflanzliches, tierisches und – sehr viel später – auch menschliches Leben auf der Erde gegeben. Bislang habe ich mir das Weltall mehr oder weniger als Vakuum vorgestellt, doch tatsächlich finden dort massenhaft chemische Reaktionen statt, aus denen die Grundbausteine menschlicher Zellen hervorgehen.

Naturwissenschaftler haben eine Weltsicht entwickelt, der zufolge alle Dinge aus Atomen beziehungsweise ihrem Zusammenschluss, den Molekülen, aufgebaut sind. Noch heute entstammt jedes Atom der Welt, die uns umgibt, aus dem Staub der ursprünglichen Explosion im All – also auch die Atome, die für jede Zelle lebensnotwendig sind und aus denen unser Körper entsteht. Denn atmosphärisch gesehen leben wir in einem isolierten Milieu, dem nichts hinzugefügt worden ist oder wird – außer Sonnenenergie und ungefähr 15000 Tonnen Meteoritenstaub, die jährlich auf die Erde fallen. Wir sind tatsächlich die Verdichtung von Sternen- und Sonnenstaub.

Jeder Fels und jeder Organismus ist aus den ursprünglichen Atomen geformt, die im Laufe der Jahrmilliarden unaufhörlich recycelt wurden. Der menschliche Körper enthält durchschnittlich die unvorstellbare Zahl von 7×10^{28}

Atomen. Über die Nahrung führen wir ständig neue hinzu und scheiden sie über die Verdauung aus. Nach dem Tod kehren die Atome unseres Körpers zur Erde der Friedhöfe zurück – und werden dort in den riesigen Kreislauf eingespeist, der den gesamten Planeten umfasst.

Dass der Verbund von Atomen, der unseren Körper ausmacht, nach dem Tod zerfällt, ist eine der wenigen Gewissheiten über das Leben. Oder, wenn man es wie der amerikanische Schriftsteller Wallace Stegner positiv formuliert: Selbst wenn wir als Individuen ausgelöscht werden, so ist doch die Unsterblichkeit der organischen Moleküle absolut gesichert. Wir sind unsterblich, organisch gesehen. Und doch sind wir, gemessen am kosmischen Geschehen, in das wir eingebettet sind, bedeutungslos. Die Herausbildung intelligenter Strukturen hat Milliarden von Jahren in Anspruch genommen. Daran gemessen ist ein Menschenleben unfassbar kurz. Owen Gingerich, Harvard-Astronom und bekennender Christ, beschreibt es als vorübergehende Randerscheinung im unermesslich großen, uralten Universum.

Biologisch gesehen gibt es ein Leben nach dem Tod: Die Rückverwandlung in die Elemente der Erde. Aus geologischer Sicht wiederum sind wir werdende Fossilien: Unsere Knochen werden verscharrt und irgendwann wieder ausgegraben, um spätere Epochen in Erstaunen zu setzen. Doch aus welcher Sparte man den Menschen auch immer betrachtet – naturwissenschaftlich sind wir als Individuen nicht von Belang, und das Wissen um diese weltumspannende Unerheblichkeit hat etwas Beruhigendes, finde ich.

Die eigentliche Größe eines Menschen bestehe darin, sich mit seiner Bedeutungslosigkeit abzufinden, sagt der Schriftsteller Raoul Schrott. Er muss es wissen, denn er ist zehn Jahre lang der Frage nachgegangen, wie sich die Entstehung der Erde und der Beginn des Lebens als literarische Erzählung fassen lässt. Schrott hat die Welt bereist, um zu den Ursprüngen zu gelangen. In der arktischen Tundra Kanadas hat er das älteste Stück Erde in die Hand genommen, das sich greifen lässt – den 4,2 Milliarden Jahre alten Acasta-Gneis. Und im Westen Australiens hat er in eine vulkanische Lagune geschaut, die 3,6 Milliarden Jahre alt ist. In der Lagune sind die allerersten Fossilien erhalten geblieben, die von Leben zeugen: Steine als Ablagerungen von Matten von Cyanobakterien. In der Frühzeit der Erde waren sie die ersten Organismen, die mittels der Energie des Lichts Wasser aufbrachen und dabei Sauerstoff abschieden. Ihnen verdanken wir die Luft, die wir atmen.

Schrott hat Astrophysiker, Geologen, Mikrobiologen und alle möglichen Wissenschaftler befragt, hat Forscherbiografien studiert und auf der Halbinsel Yukatan radioaktiven Fall-out eines Meteoriteneinschlags aus einem Felsstein gekratzt. All dies und vieles mehr hat er in *Erste Erde. Epos* verdichtet, einem Monumentalwerk auf 848 Seiten, es ist ein Werk von biblischer Größe, eine zeitgenössische Genesis, das Buch der Bücher für Atheisten.

Die Art, in der Raoul Schrott als Schriftsteller aufzeigt, was den Einzelnen mit der ganzen Welt verbindet, ist unerhört neu. Was hat Raoul Schrott, der Mensch, aus seiner Jahrhundertrecherche gelernt? Verortet ihn das ungeheure Sachwissen anders in dieser Welt? In einem Zeitungsinterview finde ich folgende Antwort: »Ich hatte noch nie so viele Anknüpfungspunkte an die Menschen und an die Natur wie jetzt, wo ich weiß, dass die Atome, aus denen wir bestehen, in den Sternen gebildet wurden. Jedes unserer Atome ist bereits zwei- oder dreimal Bestandteil eines Sterns gewesen.«

Hier ist er also wieder, der Sternenstaub meiner Ausgangsfrage. Schrott nennt es »erlösend«, dass auf diese – zugegeben etwas naive – Weise nie etwas von ihm verlorengeht. Er hält den großen Kreislauf der Dinge für weitaus einsichtiger als jede Vorstellung von Gott.

An anderer Stelle erzählt er, wie verändert er die Berge um Innsbruck, seiner Heimat, im Licht der neuen Erkenntnis sieht: »Ich erkenne dort nichts Ewiges, sondern sedimentiertes Plankton, darunter Kragengeißeltierchen, von denen wir in direkter Linie abstammen. Das schafft auf einmal Nähe zu etwas, was vorher unnahbar war und als totes Gestein fast eine Konkretion des Todes.«

Je genauer man die biochemischen Grundlagen des Lebens studiert, desto klarer tritt der Tod als Kontrast hervor. Komischerweise ergibt er auch mehr Sinn: Weil es ein so ungeheurer Zufall ist, dass Leben überhaupt entstanden ist, und es von den Bedingungen her viel wahrscheinlicher gewesen wäre, dass gar nichts entsteht. Wenn sich nur wenige physikalische Konstanten änderten, wäre das Universum unbewohnbar. Wie sollte man sich da über die Berechtigung des Todes noch wundern? Der Astronom Owen Gingerich wertet gerade das Zufällige als Gottesbeweis: ein über allem stehendes Mastermind hat das Universum so zielgerichtet entworfen, dass es intelligentes Leben auf erstaunliche Weise begünstigt.

Wenn man Sinn sucht, ist es hilfreich zu wissen, dass Sternenstaub oder ein uraltes Tier wie der Glasschwamm, der sich über 545 Millionen Jahre zurückverfolgen lässt, in einem steckt. Je deutlicher ich mich als Teil des Universums verstehe, desto größer wird mein Gefühl eigener Nichtigkeit. »Die Bedeutungslosigkeit des Menschen ist zumindest ein genauso großes Rätsel wie seine Existenz«, hat David Rieff im *Tod einer Untröstlichen* geschrieben, seine Sicht auf das Sterben seiner Mutter Susan Sontag, der bekannten amerikanischen Schriftstellerin. Vielleicht müsse man Buddhist sein, um die eigene Bedeutungslosigkeit zu verkraften und den Lebensmut nicht zu verlieren.

Ein paar Wochen vor meinem Besuch bei Frau Keller bin ich an der französischen Atlantikküste entlanggelaufen, es war August und der Strand sehr voll. Inmitten all der Menschen, die gewaltige Brandung des Meeres im Ohr und vor Augen, durchfuhr mich plötzlich ein Gefühl von Vergänglichkeit, nur einen Moment lang habe ich das so empfunden, habe physisch gespürt, wie begrenzt meine Existenz ist und wie stark ich gleichzeitig mit meiner Umgebung verbunden bin. Ein kurzer Moment, so durchdringend, dass er bis heute nachklingt. Ist das gut oder schlecht? Ich weiß es nicht, aber was ich weiß, ist das hier: Sie fühlt sich fast religiös an, diese Eingebundenheit in die reale Welt.

Es ist Herbst, und ich bringe Frau Keller einen Strauß Blumen aus dem Garten mit.

»Hortensien und Dahlien«, sagt sie, und es klingt ungläubig, wie eine Frage, als könnte sie nicht fassen, was da draußen jetzt blüht.

»Was vermissen Sie von zu Hause, aus dem Allgäu, Frau Keller?«, frage ich sie an diesem Nachmittag.

»Das Vertraute. Die Normalität.«

»Und was war die glücklichste Zeit in Ihrem Leben?«, will ich wissen.

»Als die Kinder klein waren und wir mit ihnen zelten gegangen sind. Wie die Kinder gestaunt haben, dass wir Eltern schnaufen, wenn es mit dem Fahrrad bergauf geht. Und dass wir genauso Durst kriegen wie sie auch und ihn aus derselben Wasserflasche stillen.«

»Womit kann ich Ihnen eine Freude machen?«

»Dass Sie wiederkommen, nächste Woche. Die Anwesenheit anderer Menschen ist ein Segen. Wenn ein Kosmos den anderen berührt.«

Ich verstehe nicht ganz, was sie meint, aber es klingt richtig und gut.

Eine Woche später treffe ich Frau Keller in cremefarbener Hose und einem gestreiften Strickpulli an. Sie spielt im Gemeinschaftsraum mit einer anderen alten Dame Scrabble. Es geht ihr gut, sie ist stabil. Eine Begleitung sei momentan nicht nötig, lässt mir die Heimleitung über den Hospizdienst ausrichten. Man wird sich melden, wenn es Bedarf gibt.

Die totgesagte Frau Keller lebt.

Ewig leben

In letzter Zeit könnte man meinen, der Tod habe sich womöglich bald selbst erledigt. »Ewiges Leben. Demnächst für alle«, stand unlängst auf der Titelseite eines einflussreichen Magazins, ein anderes berichtete darüber, wie erfolgreich Naturwissenschaftler daran arbeiten, das Altern zu kontrollieren. Man bekommt den Eindruck, durch die biotechnische Revolution wächst in den kommenden Jahrhunderten so etwas wie eine neue Spezies heran und wir Gegenwärtigen seien die Letzten unserer Art. Der Gedanke, die Natur auszutricksen, um unsterblich zu werden, behagt mir genauso wenig wie ein *facelift*, aber er ist eine Fährte, der ich nachgehen will. Was macht es mit uns, demnächst womöglich tausend Jahre alt werden zu können? Warum streben Menschen nach Unsterblichkeit?

Jedes Jahr im Frühjahr kommen Lavendel, Katzenminze, Rittersporn und all die anderen Stauden, die sich in der kalten Jahreszeit zum Winterschlaf in den Boden zurückgezogen haben, plötzlich zurück an die Oberfläche. Aus kargem, nacktem Boden bricht frisches Grün heraus, mit jedem Tag wird der grüne Fleck größer, nach einigen Wochen sind es bereits dichte Büschel. Meist kehren sie kräftiger wieder, als sie es im Vorjahr waren. Absterben, unter der Erde ausschlafen und zurückkehren ans Licht – seltsamer Gedanke, wenn das auch dem Menschen gelingen würde. Wenn das Leben weiterginge. Auf der Erde, nicht im Himmel.

Seit im Zuge der Genom-Entschlüsselung das »Jahrhundert der Biologie« ausgerufen worden ist, scheint dieser Gedanke gar nicht mehr so abwegig. Beim Fadenwurm mit dem schönen Namen Caenorhabditis elegans, dem ersten Mehrzeller, dessen Genom 1998 vollständig sequenziert worden ist, lässt sich die Lebensdauer bereits verdoppeln. Was bedeutet das für den Menschen? Womöglich bildet sich eine neue Art von Medizin heraus, die die Spanne seiner vitalen Jahre immer weiter ausdehnt. Was passiert, wenn die Wissenschaft den Alterungsprozess entschlüsselt und ein Gegenmittel entwickelt?

In Kalifornien, genauer gesagt im Silicon Valley, wo es zum Alltag gehört, Risikokapital in verrückte Ideen zu investieren, hegen einige Menschen sehr große Hoffnungen, bald dem Geheimnis von Altern und Sterben auf die Spur zu kommen. Unternehmer, die ein Vermögen mit Software, Social Media und Smartphones gemacht haben, suchen ihr Glück jetzt in der Biogerontologie. Männer (und einige wenige Frauen), die von der Sorge getrieben sind, das viele Geld, das sie haben, irgendwann nicht mehr ausgeben zu können, wollen sich den Traum vom ewigen Leben erfüllen. Deshalb finanzieren sie Spezialistenteams, die daran arbeiten, eine Therapie gegen das Altern zu finden und den Tod abzuschaffen. Sie wollen sich Unsterblichkeit kaufen.

Paul Allen zum Beispiel, der Mitgründer von Microsoft, oder Larry Page, der Erfinder von Google, haben ihr Geld in Firmen und Stiftungen gesteckt, die so verheißungsvolle Namen tragen wie *Forever healthy* und *Methuselah Foundation*. Und im *Human Longevity*-Institut von Craig Venter, einem Pionier bei der Entschlüsselung des Genoms, kann man für 25 000 Dollar errechnen lassen, wie alt man vermutlich wird und wie groß die Veranlagung für bestimmte, mit dem Alterungsprozess verbundene Krankheiten ist. Früher haben Unternehmer wie Allen, Page und Venter um die längere Yacht oder die blondere Frau konkurriert. Heute wird darum gewetteifert, wer länger lebt. In gewisser Weise trägt die stets um Selbstoptimierung bemühte Generation der Babyboomer in Kalifornien den Wettkampf ihres Lebens aus: Sie kämpft gegen die Abschaffung ihrer selbst.

Frontmann dieser Bewegung ist ein Mann mit angegrautem, zum Pferdeschwanz gebundenem Haar und einem Zottelbart, der fast bis zum Bauchnabel reicht. Er heißt Aubrey de Grey, wurde 1963 geboren und sagt, schon heute seien Menschen am Leben, die tausend Jahre alt werden können. Sein Ziel ist es, die menschliche Gesundheit auf dem Niveau eines gesunden 25-jährigen zu stabilisieren. Die Wahrscheinlichkeit, in diesem Alter zu sterben, liegt bei 0,1 Prozent und ist fast immer auf äußere Einflüsse zurückzuführen, auf Unfälle oder andere Formen höherer Gewalt.

De Grey ist Brite, er hat in Cambridge Informatik studiert und eine Zeit lang als Computertechniker gearbeitet. Dann beschäftigte er sich im Selbststudium ausführlich mit Molekularbiologie und der Frage, warum wir altern. Jahrelang hat er Krebsstudien analysiert und sich in Stammzellen- und Genforschung vertieft, hat über Bodenbakterien gelesen und Krankheiten wie Alzheimer, Diabetes und Parkinson zu verstehen versucht. Am Ende hat er all sein Wissen neu zusammengesetzt und 2009 im kalifornischen Mountain View, wo auch Google sitzt, die Stiftung *Strategies for Engineered Negligible Senescence* (SENS) gegründet. Ein Forschungsinstitut, dessen hochtrabender Titel *Strate-*

gien zur wirksamen Bekämpfung des Alterns suggeriert, man könne den menschlichen Körper instand halten wie einen Oldtimer, der verkehrstüchtig bleibt, indem man immer wieder verschlissene Teile ersetzt.

De Greys Perspektive ist pragmatisch: Um den Alterungsprozess zu bekämpfen, müsse man ihn nicht notwendigerweise wissenschaftlich durchdringen, denn auch Automechaniker hätten keine Ahnung von den physikalischen Gesetzen der Wärmeausdehnung eines Motors, könnten ihn aber trotzdem reparieren. Wie ernst es ihm mit seiner Mission ist, zeigt die Tatsache, dass er SENS nach dem Tod seiner Mutter den Großteil seines Erbes vermacht hat: Rund zehn Millionen Euro.

Klickt man sich durch die Website von SENS, bekommt man den Eindruck, der Tod sei kein metaphysisches Problem, sondern ein technisches. Eins, das man in den Griff kriegen kann. Als sei Altern mit ein bisschen Forscherglück in absehbarer Zeit total aus der Mode. De Greys Plan ist es, abgenutzte Teile durch solche zu ersetzen, die aus Stammzellen herangezogen werden. Diese Idee eines menschlichen Ersatzteillagers hat bereits konkrete Form angenommen: Haut, Knorpel, Knochen, Luftröhren und sogar eine funktionstüchtige Blase sind in verschiedenen Labors bereits erfolgreich gezüchtet worden. Auch an große, lebenswichtige Organe wagen sich Wissenschaftler inzwischen: Im Fachbereich *Tissue Engineering* der Medizinischen Hochschule Hannover zum Beispiel arbeitet man unter anderem daran, aus menschlichem Herzmuskelgewebe ein neues Herz zu gewinnen. Gewebezucht in der Petrischale gehört zu den großen Hoffnungsfeldern der Medizin.

Was ist dran am Traum von zusätzlich gewonnener Lebenszeit? Lässt sich der Tod in absehbarer Zeit überlisten? Ist de Grey ein großmäuliger Theoretiker oder ein bahnbrechender Visionär? Wie realistisch ist sein Ziel? Um Klarheit zu bekommen, habe ich mich mit Graham Pawelec verabredet. Pawelec ist Professor für Experimentelle Immunologie an der Universität Tübingen, er forscht seit vielen Jahren über Immunoseneszenz, das ist die Verschlechterung des Immunsystems bei älteren Menschen. Die Publikationsliste in Pawelecs Lebenslauf ist über 25 Seiten lang, seine Expertenmeinung international gefragt. Ein paar Tage vor unserem Gespräch hatte er einen Termin bei der Weltgesundheitsorganisation in Genf, einige Tage danach spricht er auf einem Krebs-Kongress in Washington.

Der Ort, an dem Pawelec mit seinem Team zukunftsweisende Forschung betreibt, ist ein überraschend unscheinbarer Flachdachbau zwischen Fitnessclubs und Billigdiscountern am Stadtrand von Tübingen. Ein Pharmakonzern hat das Gebäude in den Achtzigerjahren für Forschungszwecke errichten lassen und später verkauft, heute sind hier verschiedene Arbeitsgruppen der Universität untergebracht. Normalerweise ist der Haupteingang für Besucher verschlossen, doch an diesem Tag steht die Tür weit offen, weil Handwerker ein- und ausgehen. Ein Teil des heruntergekommenen Gebäudes wird saniert. Es ist Mittagszeit. In einem Aufenthaltsraum im Erdgeschoss packen Wissenschaftler ihre Stullen aus, während ein paar Meter entfernt Bohrmaschinen dröhnen und ein Stockwerk höher frische Blutproben geliefert werden. Es gibt eine Menge gentechnischer Anlagen und Stammzell-Labors in diesem Haus, aber keinen Pförtner oder Kaffeeautomaten. Hightech ohne Glamour.

Professor Pawelec trägt Jeans und ein verwaschenes Rugbyshirt, seine Füße stecken in Socken und Sandalen. Auf Kopf und Wangen des 65-Jährigen kräuseln sich dichte, grauweiße Locken. Er macht den Eindruck, als legte er wenig Wert auf Konventionen. Sein Arbeitszimmer ist bis unter die Decke vollgestopft mit Ordnern, Büchern und Zeitschriftenstapeln. Auf einem Aktenschrank kleben Kinderzeichnungen, an der Pinnwand über dem Schreibtisch hängen Familienfotos und Urkunden.

Pawelec weist mir einen Platz neben seinem Schreibtisch zu, einen Stuhl mit einem fadenscheinigen Bezug, auf dem vermutlich bereits Hunderte von Studenten gesessen haben.

»Es gibt viele unterschiedliche wissenschaftliche Erklärungen für Altern und Tod, Professor Pawelec. Welche haben Sie?«, frage ich ihn.

»Ich habe keine Theorie, aber ich beurteile die Dinge evolutionär. Der menschliche Organismus ist darauf programmiert, uns so lange am Leben zu halten, bis die Reproduktion abgeschlossen ist.« Mit anderen Worten: Altern und Tod sind kein Ziel der Evolution, sondern notwendiger Nebeneffekt, um die Erhaltung der Art zu sichern. Unser Bauplan sieht vor, dass wir lang genug leben, um unsere Gene weiterzugeben, und was danach kommt, ist egal. In den fruchtbaren Jahren sind unsere Abwehrkräfte so groß wie nur irgend möglich, und es spielt keine Rolle, dass das auf Kosten der späteren Jahre passiert, denn die Evolution hat kein Interesse daran, uns über ein gewisses Alter hinaus weiterleben zu lassen. Die ersten Jahrzehnte im Leben werden auf Kosten der letzten gesichert. Wachstum und Niedergang, Leben und Sterben sind untrennbar miteinander verbunden.

Pawelec lehnt sich zurück, und sein Drehstuhl kracht so laut, als würde er zusammenbrechen. Ein Auslaufmodell. Dann mustert er mich einen Moment lang und fragt: »Sind Sie Christin?«

»Bin ich, ja«, entgegne ich.

»Und glauben Sie an die Evolution?«

»Ich glaube sogar an beides – Gott und die Evolution.«

»Wie können Sie beides miteinander vereinbaren?«

»Es ist schwer ...«

»Es ist sogar unmöglich.«

»... aber ich bin überzeugt davon, dass es eine Seele gibt. Etwas, das biologisch nicht nachweisbar ist.«

Pawelec nickt vielsagend. Sein Blick wirkt mitleidig.

»Das tun Sie tatsächlich? Ich glaube nicht an die Existenz einer Seele. Unser Bewusstsein ist ebenfalls Ergebnis der Evolution, das menschliche Gehirn ist aus gutem Grund extrem komplex. Wenn Sie die Verbindung zwischen Bewusstsein und Körper Seele nennen wollen, okay, dann nennen Sie das Seele. Aber die Seele als etwas zu definieren, das unabhängig von der Materie existiert, halte ich für falsch.«

»Aber die Wissenschaft ist weit davon entfernt, alles erklären zu können. Solange es keinen Beweis für die Nicht-Existenz der Seele gibt, glaube ich daran.«

»Wissenschaftlich gesehen gibt es nur sehr wenige Antworten auf sehr viele Fragen, das stimmt. Für den Fortschritt ist es entscheidend, allein schon die richtigen Fragen zu stellen.«

Pawelec ist vor allem an der Frage interessiert, wie man das Immunsystem im Alter verbessern kann. Sein Team hat insbesondere den Thymus im Visier, eine Drüse, die in der Körpermitte etwa vier Finger breit unterhalb der Halskuhle sitzt. Im klassischen Altertum galt der Thymus als Sitz der Seele, sein Name leitet sich vom griechischen Wort für Lebensenergie ab. Medizinisch spielt er eine zentrale Rolle bei der Immunabwehr, denn im Thymus werden bestimmte Abwehrzellen, sogenannte T-Zellen, darauf trainiert, fremde Zellen zu erkennen und zu zerstören. Deshalb nennt man ihn auch Schule der T-Zellen. Der Thymus ist am Lebensanfang besonders aktiv und bildet sich dann schrittweise zurück, in einer Studie wurde bei Menschen ab 85 Jahren gar keine Aktivität mehr nachgewiesen. Weil mit fortschreitendem Lebensalter immer weniger T-Zellen gebildet werden, sind alte Menschen anfälliger für Autoimmunerkrankungen. Auch bösartig veränderte Zellen können dann schlechter vernichtet werden: Das Immunsystem unterscheidet nicht mehr zuverlässig, ob es körpereigenes Gewebe, das sich verändert hat, als gut- oder bösartig einstufen soll, und feuert blind drauflos. Diese Art von *friendly fire* richtet im Organismus viel Schaden an und beschleunigt den Verfall. Das Immunsystem ist ein mächtiger Verbündeter, der am Lebensende zu Fehlleistungen neigt.

Seit Beginn des 20. Jahrhunderts ist die Lebenserwartung des Menschen durch Fortschritte in der Medizin um rund 30 Jahre gestiegen, und mit jedem Tag steigt sie ein bisschen weiter. In den vergangenen Jahrzehnten ist zudem das maximal von Menschen zu erreichende Lebensalter erheblich gestiegen. 1997 ist die Französin Jeanne Calment im Alter von 122 Jahren als der bislang älteste Mensch gestorben. Wissenschaftler streiten darüber, ob das bestehende Limit weiter überschritten werden kann und wie weit sich die

Lebensspanne in Zukunft möglicherweise noch ausdehnt. Manche sagen, mit 125 Jahren sei die absolute Obergrenze erreicht, andere sagen, es könne weitergehen.

Wir leben länger, aber das hat seinen Preis: Mit der Verlängerung der Lebensspanne gibt es deutlich mehr Krebserkrankungen, Herz- und Gefäßleiden, Schlaganfälle, Parkinson, Diabetes, Alzheimer und andere Formen von Demenz. Das heißt, die zusätzlich gewonnenen Lebensjahre werden vermehrt in Krankheit verbracht. Diese Krankheiten entstehen aus dem Organismus selbst und bauen sich über lange Zeit auf. Viele Wissenschaftler gehen davon aus, dass der Alterungsprozess diese Krankheiten verursacht und es deshalb an der Zeit ist, in der Medizin das Altern direkt ins Visier zu nehmen, anstatt wie bislang die jeweilige Krankheit für sich zu bekämpfen. Das wäre ganz im Sinne der Unsterblichkeits-Aktivisten aus dem Silicon Valley. Wer Unsterblichkeit wünscht, muss den Alterungsprozess aufhalten oder ihn, das ist das ultimative Ziel, rückgängig machen.

»Manche Wissenschaftler betrachten Altern als Krankheit, die man in absehbarer Zeit wie andere Erkrankungen auch behandeln kann. Wie sehen Sie das?«, frage ich Professor Pawelec.

»Altern ist keine Krankheit. Wir sterben, weil in unserem Organismus eine Menge Dinge aus sehr unterschiedlichen Gründen schieflaufen. Wir wissen gar nicht genau, wovon wir sprechen, wenn wir von Altern sprechen. Wir bekämpfen Krebs ...«

»... der vor allem im Alter auftritt ...«

»... bei älteren Menschen, die für bestimmte Formen der Krankheit anfällig sind, ja. Aber es ist nicht Aufgabe der

Medizin, Menschen unsterblich zu machen. Unser Ziel ist es, menschliches Leiden zu verringern. Wir versuchen nicht, die Lebensspanne zu verlängern, aber das kann ein Nebeneffekt unserer Forschung sein.«

Altern ist mehr denn je eine Frage der Perspektive geworden: Man kann es als Summe aller Reifungsprozesse verstehen (und den Gewinn von Weisheit als Lebensziel) oder als schädliche Zerfallserscheinung, die zu Verschleiß, Krankheit und Tod führt (und die es mit allen Mitteln, die die Wissenschaft bereithält, zu bekämpfen gilt).

»Was bedeutet der Tod persönlich für Sie, Professor Pawelec?«, frage ich weiter.

»Wissen Sie, unser Gespräch findet in einem ungewöhnlichen Moment statt. Mein Schwiegervater ist letzte Woche gestorben, vor ein paar Tagen war das Begräbnis, und heute Abend fahre ich zurück an den Ort, wo er lebte, um meine Frau und meine Schwiegermutter zu unterstützen. Ich habe fast alle Termine abgesagt, und jetzt kommen Sie und fragen nach dem Tod, ein seltsamer Zufall. Vielleicht ist das Schicksal, wer weiß.«

Dann erzählt Pawelec von seinem Schwiegervater, der ein bodenständiges Leben in einem baden-württembergischen Dorf geführt hat, bis zum Schluss unabhängig von fremder Hilfe im eigenen Haus und glücklich verheiratet. Ein gläubiger Katholik, der maßvoll gelebt hat, ein zufriedener Mensch. Pawelec beschreibt den alten Herrn als Musterbeispiel gelungenen Alterns: Einer, der nie ernsthaft krank oder sonst wie geschwächt war und sich mit 91 Jahren, nach einer sehr komprimierten Sterbephase, aus dem Leben verabschiedet hat.

Kurz vor seinem Tod musste der Herzschrittmacher des

alten Herrn ausgewechselt werden, ein Routinetermin im Krankenhaus. Nach dem Eingriff bekam er Fieber, ein Infekt aus der Klinik, vermutlich eine Lungenentzündung, man weiß es nicht genau. Er aß und trank nicht mehr, kam an den Tropf und dämmerte im Krankenhaus seinem Tod entgegen, umsorgt von der Familie. »Meine Frau war bei ihm, als er starb. Er schlief ein und schlief dann einfach weiter, für immer. Besser kann man nicht aus dem Leben gehen«, schließt Pawelec seinen Bericht.

Doch, es geht noch besser, denke ich. Das zeigt das Beispiel einer 97-Jährigen, die ich in Mecklenburg-Vorpommern kennengelernt habe. Eine außergewöhnliche Frau, immer voller Zuversicht und Lebensfreude, souverän und frei. Noch am Abend vor ihrem Tod hat sie Pläne für den nächsten Tag gemacht, ein neues Hochbeet sollte in ihrem wunderschönen Garten angelegt werden, und dann wachte sie am Morgen nicht mehr auf. Bis zuletzt autonom und aktiv sein, im Schlaf sterben, ohne mit dem Tod zu ringen, das ist das Ideal.

Gefragt, wie er sterben möchte, erzählt Pawelec von dem amerikanischen Immunologen Michael Heidelberger, einem berühmtem Forscher (und begabten Klarinettenspieler), der über hundert Jahre alt wurde und noch wenige Wochen vor seinem Tod 1991 in seinem Labor gearbeitet hat. Arbeiten bis zum Umfallen, so wünscht sich Graham Pawelec sein Ende. »Die meisten Wissenschaftler hören erst dann auf zu arbeiten, wenn ihnen der Tod in die Quere kommt.«

Nach über zwei Stunden im Arbeitszimmer des Professors raucht mir der Kopf. Eigentlich ist es kein Interview, das

hier stattfindet, sondern ich habe das Privileg einer Privat-
vorlesung. Für einen Vollblut-Wissenschaftler wie Pawelec
gibt es keine einfachen Wahrheiten und keine endgültigen
Antworten. Er ist es gewohnt, dass jeder veränderte Zustand sowohl neue Lösungen als auch neue Probleme mit
sich bringt. Er sagt Sätze wie diesen: »Man kann sich einer
Sache nie absolut sicher sein. Es ist alles eine Frage der
Wahrscheinlichkeit beziehungsweise eines bestimmten
Grades von Wahrscheinlichkeit.«

Sogar die scheinbar einfache Frage, wie alt er ist, beantwortet der Professor mit einem zehnminütigen Exkurs zu
Bismarcks Sozialgesetzen und den unterschiedlichen Pensi-
onsregelungen damals und heute. Aber Pawelecs umfassende Erklärungen erfüllen ihren Zweck: Die Frage, die mich
hergeführt hat, gewinnt an Klarheit und Schärfe. Je länger
ich Pawelec zuhöre, desto aussichtsloser erscheint mir das
Streben nach Unsterblichkeit. Denn je mehr man über den
menschlichen Organismus herausfindet, desto deutlicher
wird, wie wenig man insgesamt seine Funktionsweise be-
herrscht. Ein biologisches System wie der Mensch ist ungeheuer komplex, alles ist miteinander verwoben und bedingt
sich gegenseitig. Gemessen an der Komplexität ist es ein
Wunder, dass wir so, wie wir beschaffen sind, überhaupt
existieren.

Gleichwohl beurteilt Pawelec die Aktivitäten im Silicon
Valley überraschend wohlwollend. Von einem Old-School-
Forscher wie ihm hätte ich mehr Skepsis erwartet. Auf die
wissenschaftliche Glaubwürdigkeit von Aubrey de Grey
und seinen Mitstreitern angesprochen, sagt er: »Wenn man
davon ausgeht, dass Altern vom Niedergang des Organsys-
tems und dem Verschleiß von Zellen hervorgerufen wird,

ist der Ansatz, diesen Prozess durch Reparatur aufzuhalten, vollkommen logisch.« Die Rolle de Greys sei die von des Teufels Advokaten, sagt Pawelec anerkennend. Mit seinen ungenierten Prognosen über gesundes Altern und längeres Leben habe de Grey der Biotechnologie einen gewaltigen Aufwind verschafft. Allein dafür gebühre ihm Respekt.

Wenngleich die Unsterblichkeit eine Utopie bleibt, ist die Verlängerung der gesunden Lebensspanne um Jahre, vielleicht sogar Jahrzehnte in greifbare Nähe gerückt. Es scheint nur noch eine Frage der Zeit, bis biotechnologische Eingriffe zur Verlängerung der gesunden Lebensspanne Routine werden – dann allerdings nur an Privatkliniken, denn kein staatliches Gesundheitssystem wird den teuren Spaß bezahlen, solange Altern bei der Weltgesundheitsorganisation nicht als Krankheitsbild anerkannt ist. Zudem trägt keine Krankenversicherung die gewaltigen Kosten. Man braucht nicht viel Fantasie, um sich vorzustellen, wie die kostspieligen Möglichkeiten der Lebensverlängerung westliche Gesellschaften spalten werden: Das Leben Wohlhabender wird immer länger, während sich Durchschnittsverdiener mit der herkömmlichen Lebensspanne begnügen müssen. Gute medizinische Versorgung ist seit jeher ein Privileg der Reichen und medizinisch ermöglichte Lebensverlängerung Ausdruck von großem Luxus. Das zeigt das Beispiel von David Rockefeller, dem 2017 verstorbenen Milliardär aus den USA. Rockefeller hat sich im Laufe seines Lebens sieben neue Herzen einpflanzen lassen, heißt es, das letzte kurz vor seinem Tod im Alter von 101.

Nach dem Gespräch mit Pawelec zeigt mir einer der Doktoranden seines Teams das »Allerheiligste«. So wird ein Kellerraum genannt, in dem Zellen und Gewebe bei minus 196 Grad in flüssigem Stickstoff in eine Art Tiefschlaf versetzt werden. In der Kältestarre kommen alle chemischen Prozesse zum Stillstand, nach dem Auftauen nehmen die Zellen ihre normalen physiologischen Prozesse wieder auf. Kryonik heißt diese Konservierung von Organismen, abgeleitet von *kryos*, dem griechischen Wort für Frost.

»Achtung Erstickungsgefahr!«, warnt ein Schild auf der Tür zum Allerheiligsten. Dahinter befinden sich mehrere blaue Stickstoff-Tonnen. Als der Doktorand, die Hände mit dicken Handschuhen geschützt, eine der Tonnen öffnet, steigt weißer Dampf auf wie in einem Gruselfilm. Er zieht einen Aluminiumträger mit Ampullen aus dem Dampf, darin für den Kältetiefschlaf präparierte Zellen aus einem Zeitraum von über dreißig Jahren. »Unser Repertoire umfasst sowohl Immunzellen als auch Gewebe- und Tumorzellen«, so der Doktorand.

Auch der Zersetzungsprozess eines Leichnams lässt sich mit Stickstoff aufhalten. Deshalb lassen sich manche Menschen unmittelbar nach dem Sterben in einem Kryonik-Institut einfrieren und aufbewahren. Derzeit bieten weltweit drei Kryonik-Institute diesen Service an, zwei in den USA und eines in Russland. Diese Menschen erkennen in der modernen Mumifizierung eine Möglichkeit, den Tod auszutricksen, sie glauben, das Leben ließe sich durch Fortschritte von Wissenschaftlern wie Graham Pawelec in absehbarer Zeit verlängern, und wenn es so weit ist, wollen sie sich auftauen lassen und weiterleben.

Mit dem engagiertesten Kryoniker Deutschlands bin ich

verabredet. Er heißt Klaus Sames und wohnt in Senden, einem kleinen Ort in der Nähe von Ulm.

Sames drückt den Türöffner, noch bevor ich die Klingel betätige. Offenbar hat er hinter der Fenstergardine beobachtet, wie ich vom Parkplatz zum Eingang des Mehrfamilienhauses gegangen bin. Sames ist förmlich gekleidet, schwarzes Hemd mit schwarzem Trachtenjanker kombiniert, sein schlohweißes Haar reicht bis zu den Schultern, er trägt es offen. Der 78-Jährige wirkt archaisch und gezähmt zugleich, wie Rübezahl, der einen Termin auf dem Amt hat.

»Was kann ich Ihnen anbieten?«, fragt er, nachdem er mir den Mantel abgenommen hat.

»Gern ein Wasser.«

»Hab ich grad nicht im Haus, tut mir leid.«

»Dann bitte einen Kaffee.«

»Das dauert so lang, bis der durchgelaufen ist.«

»Vielleicht Tee?«

Sames kommt mit einem Becher, in dem ein Beutel schwarzer Friesentee hängt, aus der Küche. Wir nehmen in einem Zimmer Platz, das aus der Zeit gefallen wirkt. Auf dem Boden liegen zusammengeklappte Matratzen, darüber ist ein Bücherbord befestigt, auf dem ein Blumentopf steht. Die langen Triebe der Pflanze ziehen sich quer über die Wand wie die Arme einer Krake. In einer Regalwand im Stil der Siebzigerjahre sind Fossilien und Schmetterlinge, Muscheln und Knochenfunde ausgestellt, dazwischen Dia-Magazine, Leitz-Ordner und jede Menge Bücher. Auch drei Menschenschädel werden in einer Vitrine aufbewahrt, herübergerettet aus einer Zeit, in der der Hochschulprofessor Sames Anatomievorlesungen hielt.

Klaus Sames ist Mediziner. Früher hat er an der Universität experimentelle Gerontologie gelehrt, heute sitzt er gelegentlich in Talkshows, um über Kryonik zu sprechen. Er hat den Ruf eines Sonderlings, weil er fest daran glaubt, den Tod austricksen zu können, indem er sich unmittelbar nach dem Sterben tiefkühlen und erst dann wieder auftauen lässt, wenn Altersgebrechen heilbar sind.

Sames gilt als seltsamer Vogel, weil er seine gesamten Ersparnisse einem amerikanischen Kryonik-Institut überwiesen hat, damit dort dereinst sein eingefrorener Leib auf unbestimmte Zeit aufbewahrt wird. Zuerst, so steht es im Vertrag, werden Blut und Gewebeflüssigkeit beim »Patienten«, wie Kryoniker einen Leichnam bezeichnen, durch ein Gemisch aus Äthylenglykol und Dimethylsulfoxid ausgetauscht. Dann wird der Körper in flüssigem Stickstoff bei minus 196 Grad konserviert. In Deutschland kollidiert die Kryokonservierung mit der Bestattungspflicht. Weil es Sache der Länder ist, variieren die Vorschriften von Bundesland zu Bundesland ein wenig, doch in der Regel gilt, ob tiefgekühlt oder nicht, Friedhofszwang. Seebestattungen sind fast überall erlaubt, während eine Aufbewahrung der Asche im eigenen Haus überall in Deutschland illegal ist. Nur im liberalen Bremen darf man seit kurzem die Asche eines Toten auf Privatgrundstücken verstreuen, vorausgesetzt, der Verstorbene hat zu Lebzeiten den Verstreuungsort und eine verantwortliche *Person zur Totenfürsorge* bestimmt. Auf Friedhöfen wäre die Kryokonservierung theoretisch möglich, doch fehlen dort geeignete Lagermöglichkeiten für die Stickstoff-Tanks.

Etwa 280 Tote liegen in den drei bestehenden Instituten derzeit insgesamt auf Eis, und geschätzte 2500 Menschen haben ihre künftige Konservierung wie Klaus Sames vertraglich geregelt – sie gehen eine Wette mit der Zukunft ein, sie wetten darauf, dass die Wissenschaft den Tod irgendwann überlistet, obwohl niemand voraussagen kann, ob die Reanimierung gelingt und ob das tiefgekühlte Material in 50, 100 oder mehr Jahren noch etwas taugt.

Warum betreibt ein Mensch solchen Aufwand, was nährt seine Sehnsucht nach einem Weiterleben in der Zukunft? Das will ich hier bei Klaus Sames, in Senden an der Iller, herausfinden.

Vor seinem inneren Auge hat Sames bereits unzählige Male den Geist aufgegeben. Er muss sich diesen Moment so genau vorstellen, um die notwendigen Vorkehrungen treffen zu können. Idealerweise liegen bereits Eiswürfel bereit, wenn es passiert. Denn mit jeder Sekunde, die vergeht, ohne den leblosen Körper zu kühlen, sterben Zellen ab und zerfallen Moleküle. Der Organismus zerstört sich selbst. Alles, was jetzt kaputtgeht, muss in Zukunft repariert werden, und je mehr Zeit vergeht, desto unmöglicher wird das. Mit Eis lässt sich das Absterben aufhalten, man kennt das von Operationen an Herz und Hirn, bei denen Patienten auf 18 Grad heruntergekühlt werden, um den Stoffwechsel zu verlangsamen und den Sauerstoffbedarf zu reduzieren. Nach der Operation wärmt man die Patienten langsam auf, das Herz fängt wieder an zu schlagen, die Neuronen beginnen wieder zu feuern.

Für den Fall, dass der Tod unangemeldet kommt, hat Sames einen Notfallplan entwickelt. Er trägt stets die Telefonnummer eines Bestatters aus Ulm bei sich, der im Falle seines Ablebens umgehend zu informieren ist. Der Bestatter setzt dann per Telefonkette weitere eingeweihte Helfer in

Gang, die mit Eiswürfeln und Trockeneis aus Ulm zu Sames nach Senden eilen, ihn dort an eine Herz-Lungen-Maschine anschließen, die Sames gebraucht gekauft hat, seinen Brustkorb aufsägen, mit einem Plastikschlauch in die Hauptschlagader stechen, das Blut aus dem Körper saugen und Frostschutzmittel hineinpumpen. Frostschutzmittel ist notwendig, damit sich keine Eiskristalle bilden, die mit ihren scharfen Kanten Zellen und Adern zerschneiden und irreparable Schäden anrichten. In Trockeneis unter null Grad gekühlt kann der Körper schließlich seine Reise über den Atlantik ins Kryonik-Institut antreten, wo er in einem dreieinhalb Meter hohen, mit flüssigem Stickstoff gefüllten Fiberglastank kopfüber lagern wird. »Notfallmedizin« nennt Sames diesen Vorgang. Aus seiner Perspektive ist die Kryonik ein Krankentransport in die Zukunft – eine schemenhafte Zukunft, in der die Medizin mehr kann als heute: Menschen zurück ins Leben holen und dort behalten, womöglich für immer.

»Es ist noch wahnsinnig viel ungelöst, das muss ich zugeben«, räumt Sames ein. Die Sache mit der Telefonkette zum Beispiel ist im digitalen Zeitalter nicht *state of the art,* also anachronistisch. Besser wäre es, den Sterbenden mit GPS zu orten. Ihm schwebt ein Gerät vor, das die Vitalfunktionen ununterbrochen misst, auch im Schlaf, und die Daten auf einen Rechner schickt, der, sobald eine der Funktionen aussetzt, Alarm schlägt und den Helfer in Bewegung setzt. Aber so ein Gerät wäre viel zu teuer.

Ein anderes Problem ist die toxische Wirkung des Frostschutzmittels. Es ist nicht abzusehen, welche bleibenden Schäden das Gift hinterlässt. Und schließlich das Auftauen, wie soll das gehen?

Sames denkt an Ultraschall oder elektromagnetische Methoden, so, wie man Speisen in der Mikrowelle erwärmt. Vielleicht braucht es zusätzlich ein paar Elektroschocks, um den menschlichen Apparat wieder in Gang zu bringen.

Wissenschaftler erkennen die Kryonik zwar als geeignete Methode an, um einzelne Zellen oder sogar ganze Organe zu konservieren, nicht aber den komplexen Organismus eines Menschen. Kritiker sagen, beim Einfrieren gingen zu viele Zellen kaputt, und beim Auftauen entstehe Matsch.

»Wenn man bei einem kaputten Auto den Schaden repariert und es volltankt, springt es wieder an. Warum sollte das beim Menschen nicht auch funktionieren?«, kontert Sames. Der Satz wirkt wie das Echo von Aubrey de Grey aus Kalifornien, der die Zukunft in der Altersforschung mit den routinierten Handgriffen eines Automechanikers gleichsetzt. Wie die meisten Unsterblichkeits-Aktivisten hat auch de Grey einen Vertrag mit einem Kryonik-Institut abgeschlossen.

Wann ist ein Mensch tot? Die Frage klingt zwar einfach, lässt sich jedoch nicht eindeutig beantworten. Philosophen beurteilen die Sache anders als Theologen, Juristen anders als Mediziner, und auch geografisch gibt es unterschiedliche Kriterien, in Deutschland herrscht eine andere Sicht als zum Beispiel in den Niederlanden oder in Rumänien. Früher war es einfacher, da galt jemand bereits als eindeutig tot, wenn sein Herz aufhörte zu schlagen. Doch mit Entwicklung der Intensivmedizin in den Sechzigerjahren sind technische Geräte in den Klinikalltag eingezogen, mit denen sich Herztote wiederbeleben lassen und sich der Blutkreislauf künstlich aufrechterhalten lässt, etwa durch die gezielten Stromstöße eines Defibrillators und mit Hilfe einer Herz-Lungen-Maschine. Seither gilt nicht mehr der Herztod als sicheres Todeskriterium, sondern der Hirntod. Wenn alle Hirnfunktionen versagt haben und keine Hirnströme mehr gemessen werden können, ist dieses Kriterium erfüllt. Aber im biologischen Sinne ist auch der nur selten festgestellte Hirntod kein vollständiger Tod, denn verschiedene Zellen können nach dem Hirntod noch eine Weile überleben, was wiederum Voraussetzung ist, um Organspenden entnehmen zu dürfen. Es ist also eine Frage der Perspektive, ob man tot ist oder nicht.

»Der Mensch ist dann tot, wenn man ihn zu keinem Zeitpunkt, also auch nach Anwendung der Kryonik, wiederherstellen kann«, sagt Klaus Sames und schaut mich aus wachen Augen an. Sein Gesicht hat eine rosige Farbe, und die Haut ist fast glatt, für einen 78-Jährigen wirkt er ungewöhnlich agil. Sames ist überzeugt, dass sich der Verwesungsprozess nach dem Tod nicht nur aufhalten lässt, sondern sein Körper sogar so lange konserviert werden kann, bis die Medizin die Gebrechen des Alterns lindern und vielleicht sogar rückgängig machen kann. In spätestens 200 Jahren wird die Bio-Medizin so weit sein, schätzt er, vielleicht auch früher. Dann wird man seinen Körper in Detroit vorsichtig auftauen und mit Nanorobotern von der Größe einer Blutzelle von innen heraus instand setzen. Wenn das Hirn erst wiederhergestellt ist und über den Blutkreislauf mit Sauerstoff versorgt wird, wird es auch wieder arbeiten, glaubt Sames. Dann wäre sein Tod nur ein langer Schlaf gewesen, und er kann neu ins Leben starten, kann gesund weiterleben, womöglich ewig, das ist die Hoffnung.

»Da haben Sie aber sehr großes Vertrauen in die Zukunft. Warum sollte sich in 200 Jahren noch jemand für Ihre Wiederherstellung und Ihr Wohlbefinden interessieren?«, frage ich.

»Ist mir wurscht. Ich will nur vernünftig tiefgekühlt werden, alles andere ist außerhalb meiner Einflussmöglichkeiten. Auch wenn der letzte Mensch eingefroren ist, wird es noch einen Kryoniker geben, und der denkt wie ich. Das ist wie in einer langjährigen Ehe«, antwortet Sames.

Kryoniker bilden eine eingeschworene Gemeinschaft, fest verbunden durch den Glauben an die gemeinsame Sache und durch den Spott von Menschen, dem sie ausgesetzt sind, die nicht an diese Sache glauben. Wie bei Pionieren üblich, parieren Kryoniker Zweifel und Kritik von außen mit Trotz und Beharrungsvermögen.

Dabei ist die Kryonik gar keine so neue Erfindung. Bereits 1962 hat der amerikanische Physiker Robert Ettinger in seinem Buch *Aussicht auf Unsterblichkeit?* die Grundlagen skizziert – ein Buch, das den Menschen als biologisches Mängelexemplar beschreibt, entstanden aus Zufällen und Kompromissen der Evolution. 1972 gründete Ettinger dann das Kryonik-Institut in Detroit, wo er seit seinem Tod 2011 lagert und wo sich auch Sames angemeldet hat.

Ettingers Denken bildet die Basis einer Bewegung, die den Körper als Maschine und den Tod als rein technisches Problem begreift, das sich über kurz oder lang beheben lässt. Herausragend unter diesen Futuristen ist der Amerikaner Ray Kurzweil – ein umtriebiger Autor und Informatiker, Unternehmer und Erfinder, hochintelligent und sicher kein Spinner. Kurzweil leitet die technische Entwicklungsabteilung bei Google und ist Gründer der *Singularity University* im Silicon Valley, einem Zukunftslabor für

Technophile, die auf eine Zeit hinarbeiten, in der Computer intelligenter sind als der Mensch. Ausgehend von der Tatsache, dass Technologie sich exponentiell und in einer Art Kettenreaktion weiterentwickelt, benennt die Singularität den Moment, in dem der Fortschritt, sobald er ein bestimmtes Level erreicht hat, einen unvorstellbaren Sprung macht. Kurzweil sagt diesen Moment für das Jahr 2045 voraus. Auf einen Schlag wird möglich sein, was bislang nur in Science-Fiction-Romanen existierte. Dann werden Computer und menschliches Gehirn nicht mehr zu unterscheiden sein. Dann werden Computer alles können, was auch Menschen können, nur besser. Ein digitaler Urknall.

Wenn das erreicht ist, wenn sich der Mensch als körperliches Wesen überlebt hat und als Avatar in einer virtuellen Daseinsform weiterbesteht, wäre die Auferstehung von den Toten nichts weiter als ein mathematisches Problem. Wenn man davon ausgeht, dass das menschliche Bewusstsein, also sein Geist, auf physikalischen Prozessen im Gehirn basiert, ließe sich dieses Bewusstsein mittels Schnittstellen zwischen dem Nervensystem und elektronischen Bauteilen wie zum Beispiel Mikroelektroden auf einen Computer übertragen. Indem ein Computer das menschliche Gehirn simuliert, entsteht virtuelles Bewusstsein. *Mind uploading* nennt sich dieser hypothetische Prozess, mentale Inhalte auf ein externes Medium zu übertragen.

Wenn man in solchen Kategorien denkt, ist nicht der Tod an sich das Problem, sondern der an seinen sterblichen Körper gebundene Mensch. Mehr noch: Wenn der Mensch durch eine posthumane Lebensform ersetzt wird, könnte nicht nur Unsterblichkeit erreicht werden, sondern auch seine Vervollkommnung. Eine zweite Genesis.

Kurzweils futuristisches Denken wird von einem zutiefst menschlichen, wenn man so will altmodischen Motiv gespeist: der frühe Tod seines Vaters Fredric, eines brillanten Dirigenten und Pianisten, und das Verlangen, ihn wieder um sich zu haben. Dutzende Kartons mit persönlichen Dingen aus dem Leben von Fredric Kurzweil warten auf ihre technische Aufbereitung, Briefe, Fotos, Rechnungen, alles Mögliche. Ray Kurzweil hofft, eines Tages einen Avatar seines Vaters herstellen zu können und dessen Bewusstsein aus den aufbewahrten Informationen sowie eigenen Erinnerungen an ihn zu speisen. Er will den virtuellen Wiedergänger seines Vaters bauen, so wirklichkeitsgetreu wie möglich.

Dass *Mind uploading* in absehbarer Zeit Realität wird, ist unwahrscheinlich, denn wir sind weit davon entfernt, das System Mensch komplett in einzelne Zahlen zerlegen und damit mathematisch beschreiben zu können. Andererseits: Konnte sich Mitte der Neunzigerjahre, als das Internet noch unschuldig als »Datenautobahn« beschrieben wurde, jemand vorstellen, dass E-Mail und Google einmal selbstverständlich zum Alltag gehören würden und man mit dem Computer telefonieren würde? Kurzweils Ideen sind wichtig, um zu verstehen, worauf die Hoffnung von Menschen wie Klaus Sames gründet. Die Hoffnung, sich mit einer Art Winterschlaf hinüberzuretten in eine Zeit, in der der Tod Vergangenheit sein wird.

»Die Seele? Das ist Blödsinn, so was gibt's nicht. Mich interessiert nur der physiologische Tod«, sagt Klaus Sames. Das war nicht immer so. Sames stammt aus einer hessischen Pfarrersfamilie und hat sogar eine Zeit lang Theologie studiert, bis er merkte, ihm fehlt der Glaube. Dann hat er Medizin studiert und wurde mit einer Arbeit über den Rip-

penknorpel zum Doktor promoviert. Als Mediziner hat es
ihn immer interessiert, wie man die menschliche Lebensspanne verlängern könnte, aber seine wahre Leidenschaft,
die Kryonik, entwickelte Sames erst nach seiner Pensionie-
rung 2004, da gründete er mit einer Handvoll Mitstreiter die
»Deutsche Gesellschaft für angewandte Biostase«. Der Verein hat heute circa 60 Mitglieder, nicht alle bekennen sich
öffentlich dazu, denn unter etablierten Wissenschaftlern
gilt die Kryonik bestenfalls als Irrglaube – als fixe Idee, an
die man sich klammert, wenn einem vorm Sterben graust.

Es ist Mittagszeit, bei Sames im Flur springt eine Vogelstim-
men-Uhr an, wir hören das Klopfen vom Downie Wood-
pecker, ein nordamerikanischer Specht, wie er munter erklärt. Gefragt, was ihn am Tod störe, zitiert Sames die
Schriftstellerin Elfriede Jelinek. Die habe mal gesagt, sie
fürchte den Tod nicht, aber es entsetze sie, dass sie nie wie-
derkommt. Als Sames das im Radio hörte, hat er ihr einen
Brief geschrieben, um sie für die Kryonik und womöglich
als Unterstützerin des Vereins zu gewinnen. Bislang kam
keine Antwort.

»Warum stirbt der Mensch?«, frage ich, nachdem der
Specht verstummt ist.

»Weil er zu kompliziert gebaut ist. Eigentlich ist unser
Gehirn so beschaffen, dass es unbegrenzt leben könnte. Es
gibt einen enormen Überschuss an Möglichkeiten, man
kommt, wenn es sein muss, sogar mit einer Hirnhälfte aus.
Unser Organismus hatte nicht genug Zeit, sich optimal zu
entwickeln, der Kampf ums Überleben war zu groß. Deshalb sind wir Pfusch, aber das muss ja nicht so bleiben.« Sames klopft sich auf den Schädel und fügt hinzu: »Wir haben

einen so wunderbar programmierten Computer – und dann geht alles verloren. Das kann ich nicht akzeptieren.«

»Deshalb hängen Sie so am Leben?«

»Ich kenne niemanden, der das nicht tut, nur Menschen, die den Tod verdrängen. Ich habe Angst vor dem Nichtsein. Das Gefühl, vernichtet zu werden, ohne was dagegen tun zu können, behagt mir nicht. Ich rede doch so gern!«

»Was macht das Leben lebenswert?«, will ich wissen.

»Ich bin nicht unbedingt ein familiärer oder sozialer Mensch. Mich fasziniert die Natur. Ich beobachte gern Vögel, das ist eine Welt im Kleinen, die man studiert. Ich habe es geliebt, große Bergwanderungen zu machen, aber dazu fehlt mir jetzt die Trittsicherheit.«

Sames und ich sitzen uns gegenüber, dazwischen ein Schreibtisch. Auf meiner Seite des Tisches liegt eine Unterlage aus Kunststoff, auf der eine Deutschlandkarte in den Grenzen vor der Wiedervereinigung abgebildet ist, und ein Wochenplaner. In der aufgeschlagenen Woche ist ein einziger Termin eingetragen, der Termin unseres Gesprächs.

Sames lebt allein, aber er wirkt nicht einsam. Sein Alltag, sagt er, ist ausgefüllt mit Arbeit für den Verein. Er schreibt Anträge für Forschungsgelder, verfasst Aufsätze, Vorträge und Bücher über die Kryonik, organisiert Fachtagungen. Er macht das alles aus demselben Grund, aus dem er ein schwarzes Oberhemd für unser Gespräch angezogen hat: Damit man ihn ernst nimmt und die Kryonik aus ihrer parawissenschaftlichen Schmuddelecke rauskommt.

Wenn Sames nicht mit Schreibarbeiten beschäftigt ist, simuliert er mit seinem sogenannten Kompetenzteam Kryonik-Einsätze am menschlichen Körper, genauer gesagt an Leichen. Das Kompetenzteam besteht aus Medizinern,

Kardiotechnikern, Balsamierern und einer Kranken-schwester. Meistens sind die Leichen, die das Team über Sames' Universitätskontakte bekommt, allerdings zu lange tot, um vernünftig mit ihnen arbeiten zu können, das Blut ist dann bereits geronnen. Neulich hat jemand aus dem Be-kanntenkreis verfügt, dass sein Leichnam dem Verein zur Verfügung gestellt wird. An einer solchen Ganzkörperspen-de, wie Sames sie bezeichnet, lässt sich wunderbar üben, wie man Kanülen einfügt und Flüssigkeiten austauscht. Das Üben, sagt Sames, habe der Gruppe viel Selbstsicherheit verschafft. Die Ganzkörperspenden müssten allerdings auf eigene Kosten bestattet werden, was die Vereinskasse emp-findlich schwächt.

Der Ernstfall steht noch aus, bislang wurde noch nie-mand, der unmittelbar verstorben ist und kryokonserviert werden möchte, von Sames' Team versorgt. Gut möglich, dass Klaus Sames selbst das erste Versuchskaninchen sein wird. Bis es so weit ist, hält ihn die Vereinsarbeit fit. So pa-radox es klingt: Die Beschäftigung mit Leichnamen erhält diesen Mann am Leben.

Welches seiner Exponate ihm am meisten bedeute, frage ich Sames beim Abschied. Er deutet auf den Wirbel eines Auerochsen, der aus einer fränkischen Höhle stammt. Nichts Wertvolles, aber etwas, das er gern in der Hand hält.

»Was fällt Ihnen schwer, nach dem Tod zurückzulas-sen?«, frage ich ihn zum Abschluss.

»Gar nichts. Ich komme ja wieder.«

Auf dem Weg zum Auto schlägt mir vom nahen Acker der Geruch von Pferdedung entgegen. Noch nie bin ich einem Menschen begegnet, der so ausschließlich in der greifbaren

Welt verankert ist wie Klaus Sames. Sterben und Tod betrachtet er als rein biochemischen Vorgang, Transzendenz und Metaphysik schließt er kategorisch aus. Alle Bedeutung wird von den Funktionen des Gehirns abgeleitet. Der Mensch ist, weil er denkt.

Das Navigationsgerät lotst mich auf die Autobahn, vorbei an Lebensmittel-Discountern und Baumärkten, später dann Erdbeer- und Spargelfeldern. Was, wenn die Visionen von Klaus Sames und Aubrey de Grey irgendwann Wirklichkeit würden? Wenn Menschen ins Leben zurückgeholt beziehungsweise gar nicht erst sterben würden? Im Falle von Unsterblichkeit gäbe es keine abgeschlossenen Biografien mehr, ein Leben gliche eher einer Abfolge vieler einzelner Biografien. Denn damit es nicht langweilig wird, muss man sich zigmal neu erfinden. Wechselt alle hundert Jahre den Beruf und gründet haufenweise neue Familien, bis man irgendwann den Überblick verliert, wer zu wem gehört. Oder man müsste ganz darauf verzichten, Kinder in die Welt zu setzen, weil die Welt ja übervoll wäre von all den Unsterblichen, die niemals gehen. Aus Beziehungen werden undurchschaubare Netzwerke, aus Berufskarrieren endlose Geschichten. Wann schickt man jemanden in den Ruhestand, der nicht alt wird? Was ist mit lebenslanger Haft?

Es gibt Momente, da überfordert mich schon mein eines kleines Leben – nicht auszudenken, was es bedeutet, wenn es ewig wäre. Jedenfalls nicht für mich.

Mein alter Vater

Ich sitze mit meinem Vater im Wartezimmer einer Augenarztpraxis. Nach einer Weile reicht er mir das Klemmbrett mit einem Fragebogen herüber, der halb ausgefüllt ist. »Mach du mal weiter«, sagt er und kramt aus seinem Rucksack einen abgegriffenen Zettel hervor, auf dem die Medikamente notiert sind, die er täglich einnimmt. Ich schreibe alle Namen ab, die Liste ist lang. Mein Vater, 83 Jahre alt, grinst komplizenhaft. »Danke.«

Kurz vor seinem 83. Geburtstag ist bei ihm Knochenmarkkrebs diagnostiziert worden, und obwohl es den Verdacht darauf schon viele Jahre gab, hat mich die Nachricht kalt erwischt. Jetzt tritt ein, wovor mich der Kurs zur Sterbebegleitung wappnen sollte. Wie jedes erwachsene Kind habe ich eine Vorstellung von meinen Eltern, aber seit ich weiß, dass das Ende näher kommt, bin ich unsicher, was von meinem Vaterbild eigentlich stimmt. Jahrelang lässt man die Eltern einfach reden, hört sich ihre Geschichten wieder und wieder an, lässt vieles achtlos an sich vorbeiziehen, doch wenn der Verlust droht, bekommt die Erzählung eine neue Dimension. Plötzlich lässt sich nicht länger leugnen, dass die Quelle versiegt und man allein ist mit seinen Erinnerungen und den Bildern im Kopf. Was weiß ich eigentlich von meinem Vater, und warum interessiert mich das auf einmal so brennend? Ich will das unvollständige Bild von meinem Vater ergänzen und neu zusammensetzen zu einem gültigen Bild. Um ihn festzuhalten, damit er mir nicht verloren geht.

Einmal begleite ich ihn zum Kontrolltermin beim Onkologen, es ist eine seltene Gelegenheit, denn er lebt im Saarland und ich in Berlin.

»Wie geht es dir jetzt?«, frage ich ihn abends.

»Als wir aus der Klinik zurückkamen, war ich froh, zu Hause zu sein. In mein Zimmer zu gehen. Das war ein schöner Moment.«

Seit ich die Diagnose kenne, versuche ich so viel Zeit wie möglich mit ihm zu verbringen – am Ort meiner Kindheit und Jugend, wo so vieles begann. Meist liegen Monate zwischen den Besuchen, und jedes Mal erschrecke ich, wie sehr er sich verändert, er scheint zu schrumpfen, und am auffälligsten verändert sich sein Gang: Er schiebt sich jetzt ruckartig vorwärts, schwankt oft unsicher und benutzt auch im Haus seinen Gehstock. Wenn er aus dem Auto steigt, hebt er jedes Bein einzeln aus dem Fußraum und stellt es fest auf den Boden, dann hievt er sich am Innenrahmen der Tür langsam hoch.

Sehe ich ihn liegend auf dem Bett, beim Mittagsschlaf zum Beispiel oder bei einem anderen der vielen Nickerchen, die er jetzt über den Tag verstreut macht, durchzuckt mich jäher Schmerz, nicht unähnlich der Angst, die man als Mutter kennt, wenn das eigene Kind in Gefahr ist, Angst vor Abschied und Verlust. Wie aufgebahrt sieht er dann aus. Die Hände über dem Leib gefaltet, reglos das Gesicht. Ein sehr alter Mann, ein Greis. Mein Vater.

Vielleicht sind es diese Bilder vom schlurfenden alten Mann oder vom aufgebahrten Greis, die ich einmal von meinem Vater im Kopf behalte. Lieber behielte ich ihn anders in Erinnerung – so wie früher, wenn er, Universitätsprofessor für Neuroradiologie, am Schreibtisch sitzend Röntgenbilder betrachtete und ich nur seinen Rücken sah, ihm zuhörte beim Diktat von Befunden, jedes Satzzeichen Teil des Diktats: »Thoraxaufnahme in zwei Ebenen Doppelpunkt unauffälliger Befund an den Thoraxorganen Punkt Absatz neue Zeile.« Mit einer Stimme, von der meine Mutter mal gesagt hat, sie sei das Erste gewesen, in das sie sich verliebt hat. Klar und wohlklingend, auch laut. So laut, dass es meinem Bruder und mir manchmal peinlich war, zum Beispiel in der Schwimmbaddusche, wo es hallte und jeder zuhören konnte. Heute ist seine Stimme oft heiser und durch Medikamente belegt. Ohnehin spricht er viel weniger als früher. Weil er Worte vergisst und sich dafür schämt.

Ich weiß nicht mehr genau, wann meinen Vater das Alter eingeholt hat. Sicher nicht erst mit dem Plasmozytom, wie sein Krebs im Fachjargon heißt. Ich glaube, es war ein langer Prozess, der mit dem Übergang in die Rente begonnen hat, welcher ihm nicht besonders gut gelungen ist, weil er sich keine Gedanken darüber gemacht hat, wie es im Anschluss ans Berufsleben weitergehen soll. »Ich dachte, es geht einfach so weiter. Oder mein Leben endet mit der aktiven Tätigkeit, und ich sterbe«, sagt mein Vater. So kennt er es vom eigenen Vater, der mit 60 gestorben ist. Damals war mein Vater Ende zwanzig und jung verheiratet, das erste Kind, mein großer Bruder, gerade geboren. Er stand am Anfang seines Berufslebens, und in gewisser Weise starb für ihn mit dem Vater, dessen Erfindungsreichtum und Wendigkeit er bewunderte, auch ein Vorbild, wie man auf gute Weise alt wird.

Eine Zeit lang zögerte mein Vater den Übergang ins Rentnerleben nach der Emeritierung hinaus, indem er als Neuroradiologe in einer Privatklinik arbeitete, die weit weg von seinem Wohnort war. Die Wochenenden verbrachte er zu Hause, unter der Woche lebte er in einem Patientenzimmer der Klinik. Einmal habe ich ihn dort besucht. Den Triangelgriff überm Bett hatte er so verknotet, dass er beim Schlafen nicht vor seinem Gesicht baumelte, und in einem kleinen Kühlschrank bewahrte er ein paar Vorräte auf. Zum Abendbrot schnitt er uns mit dem Taschenmesser eine Salami auf, so, wie er es auch immer im Gebirge machte, wenn wir wandern gingen. Es war erstaunlich gemütlich bei ihm.

Sieben Jahre wohnte mein Vater als Gesunder in einem Patientenzimmer. Andere spielen in dieser Lebensphase Golf oder ziehen sich in ihre Ferienhäuser zurück, er verdrängte erfolgreich die Altersplanung, indem er weiter Befunde diktierte, als wäre es das Normalste der Welt. Dann, mit 73, hörte er damit auf und versuchte, Rentner zu sein. Eine Zeit lang ging es gut, er arbeitete viel im Garten und hielt sich durch Schwimmen fit, hinzu kamen längere Aufenthalte auf Malta, wo er mit seiner zweiten Frau ein Apartment hat, und ausgedehntes Bergwandern im Engadin. Wandern ging er meist allein, wie er überhaupt fast alles allein machte, mein Vater liebt das Alleinsein, er ist Einzelgänger. Auf einer seiner Wanderungen ist er auf nassem Waldboden ausgerutscht und so schwer gestürzt, dass er sich die Schulter verletzt hat. Es war seine letzte Bergwanderung. Von da an ging es bergab.

»Mit dem Alter habe ich mich komplett verschätzt. Ich hatte mir das so schön vorgestellt – der Garten, die Wanderungen, Malta –, und als es so weit war, hatte ich keine Kraft mehr für alles, was ich mir vorgenommen hatte«, sagt er rückblickend, als ich ihn unmittelbar nach seiner Krebsdiagnose besuche. Es ist Ende November, die Zeit, in der die letzten Blätter fallen und die Wege darunter kaum sichtbar sind. Bald beginnt die tote Jahreszeit, alles wirkt müde: die Büsche und Bäume, mein Vater. Wir haben uns aufgerafft zu einem Waldspaziergang hoch zum Karlsbergweiher und zur Orangerie vom Schloss Karlsberg, beides ist nicht weit entfernt vom Haus.

Obwohl wir kaum mehr als eine Stunde unterwegs sind, hat mein Vater einen Rucksack auf dem Rücken, darin eine Haarbürste, Kaugummi, Taschentücher, Landkarten, Wasser, Tabletten und was man sonst noch so als Mann in seinen Achtzigern braucht. Er trägt feste Wanderschuhe auf unserem kurzen Spaziergang. Einmal deutet er mit dem Stock auf den Boden und sagt: »Guck mal, Edelkastanienblätter. Das ist ein Zeichen dafür, dass hier mal ein Park kultiviert wurde.« Er läuft sehr langsam und atmet schwer, vor allem bei der Steigung. In der Luft hängt der herrliche Geruch von nassem Laub. Zurück im Haus sagt er: »Ich lege mich jetzt wieder hin. Das ist, glaube ich, erforderlich. Aus verschiedenen Gründen.«

Später verräumt er die Wanderschuhe in einer Plastiktüte in den Heizungskeller, damit sie im Haus keinen Dreck machen. Mein Vater ist ein extrem ordentlicher Mensch, man könnte sagen, er ist zwanghaft ordentlich. So ordentlich, dass es ihn (und andere) quält. Alles hat seinen festen Platz, eine Ordnung, ein System. Als Kinder hat er uns beschäftigt, indem er uns Gummibärchen nach Farben sortieren ließ. Irgendwann, es ist lange her, hat er mal versucht, sich zu ändern, indem er »bewusst kleine Häufchen der Unordnung schafft und diese zu ertragen versucht«, wie er es formulierte. Lange hielt er das nicht durch. Heute ist die Arbeitsfläche seines Schreibtischs fast immer leer, nur ein paar Stifte liegen da, alle mit der Spitze nach oben ausgerichtet, und ein paar Klarsichthüllen mit sogenannten »laufenden Vorgängen«. Auch der Desktop seines Computers ist leer, kein Icon taucht auf, wenn er hochgefahren wird.

In einer Kommode bewahrt er leere Packungen des Krebsmedikaments auf, das ihm anstelle einer Chemotherapie verschrieben worden ist. Beim Plasmozytom verdrängen entartete Zellen nach und nach die gesunden Zellen, die im Knochenmark das Blut bilden. Je mehr die krankhaft veränderten Zellen überhandnehmen, desto schwächer wird die Infektionsabwehr des Körpers, denn das Knochenmark spielt eine zentrale Rolle bei der Steuerung von Abwehrzellen. Das Medikament verändert die Produktion bestimmter Botenstoffe im Körper meines Vaters, zerstört Tumorzellen und verhindert deren Neubildung. Pharmakologen haben es aus der Substanz entwickelt, die ursprünglich als Schlafmittel verkauft und Anfang der Sechzigerjahre wegen schwerer Missbildungen bei Schwangerschaften vom Markt genommen wurde: Contergan. Mein Vater nimmt das Hammer-Präparat in fortlaufenden Zyklen von drei Wochen plus eine Woche Pause, vermutlich bis zu seinem Tod. Es wirkt. Der Zerstörungsprozess ist aufgehalten worden, mein Vater gewinnt Zeit. Es gibt Phasen, in denen er rührig und unverzagt ist, in denen er zum Beispiel Rasen mäht oder in der Umgebung kleine Wanderungen macht.

Die leeren Packungen des Medikaments sind in der Reihenfolge, in der sie verbraucht wurden, durchnummeriert. Mein Vater bewahrt sie auf, um den Überblick über seine Krankheit zu behalten und ihren Verlauf zu dokumentieren. Ordnungssysteme spielen in seinem Leben eine große Rolle. Auf den Rücken der circa 30 Leitz-Ordner in seinem Regal beispielsweise stehen keine Stichworte, sondern ebenfalls Zahlen, die einem Indexpapier zugeordnet sind. Nr. 01 etwa behandelt meinen Halbbruder Johannes, Nr. 16 meinen Bruder Axel und mich. Die Scheidung von meiner Mutter beansprucht zwei Ordner, Nr. 17 und 18. Zwischen Publikationslisten, wissenschaftlichen Arbeiten, Universitätsgutachten, Versicherungen und Verträgen taucht das Wort »Persönliches« auf, Ordner Nr. 24. Den drückt mir mein Vater eines Abends unvermittelt in die Hand und sagt: »Hier, das könnte dich interessieren.«

Wir sind einander ungewöhnlich vertraut, und doch bin ich überrascht, als mein Vater mir »Persönliches« mit einer Beiläufigkeit überreicht, als handelte es sich um Gebrauchsanleitungen oder Garantieerklärungen: Ordner Nr. 24 enthält rührende Briefe seiner Eltern, eine kämpferische Rede aus seiner Studienzeit, ein paar atemberaubend selbstkritische und hässliche Schriftstücke aus dunkleren Zeiten seines Lebens. Als ich sie lese, habe ich das Gefühl, eine Grenze zu überschreiten. Auch das passiert offenbar am Ende des Lebens: Man gibt Kontrolle auf. Mein Vater formuliert es so: »Ich habe eingesehen, dass es wichtig ist, die Familie einzubeziehen. Allein schaffe ich es nicht. Ich gehe jetzt dazu über, mir Hilfe zu suchen. Im Großen wie im Kleinen.« Die Einsicht, hilfebedürftig zu sein, ist ein großes Eingeständnis für ihn, den Einzelgänger. Wie fast allen alten Menschen fällt ihm der Übergang in die letzte Etappe, die Etappe körperlicher Abhängigkeit, schwer. In der Sprache der Krankenkassen hat diese Abhängigkeit einen Namen und eine Skala: Pflegegrad 1 bis 5.

Um Ordnung zu schaffen, ist Energie nötig. Sobald die Energie ausgeht, zerfällt die Ordnung. Wenn man das Leben als wohlorganisierten Organismus versteht, der einige Zeit mit Hilfe von Energie funktioniert, dann ist der Tod reine Unordnung. Ich glaube, mein Vater, dessen Grundprinzip im Leben systematische Ordnung ist, tut sich besonders schwer, der Unordnung nachzugeben, die eine schwere Krankheit bedeutet.

Es ist ein Wendepunkt nicht nur für ihn: Noch heute, als Erwachsene, als Frau über fünfzig, fühlt es sich seltsam an, nicht mehr das Kind zu sein, um das sich die Eltern sorgen, sondern umgekehrt. Es braucht Gewöhnung, der unangefochtenen Respektsperson, die mein Vater mal war, unter die Arme zu greifen oder Ratschläge zu geben. Der Grat zwischen Kümmern und Bevormundung ist schmal. Doch die Momente, in denen ich ihm helfen kann, sind eigenartig schön.

Der amerikanische Schriftsteller Philip Roth, ein großer Chronist des menschlichen Verfalls, hat in seinem autobiografischen Roman *Mein Leben als Sohn* beschrieben, wie heftig er erschrickt, als er zum ersten Mal »Tu, was ich sage!« zu seinem Vater sagt: »… vier Worte, die ich nie zuvor in meinem Leben zu ihm gesagt hatte. ›Tu, was ich sage‹, forderte ich ihn auf. ›Zieh einen Sweater und deine Straßenschuhe an.‹« Roth ist 55, sein Vater 87, als es passiert – »das Ende eines Zeitalters, die Dämmerung eines anderen.« Etwas geht zu Ende, und das, was kommt, ist sehr diffus. Die Zukunft kommt einem abhanden, und die Vergangenheit gewinnt an Gewicht, so viel ist sicher.

Es ist gar nicht so lange her, ungefähr bis ich Mitte vierzig war, da hat mein Vater mir noch die Fahrtkosten erstattet, wenn ich zu Besuch kam. Es gehörte zu den stillschweigenden Ritualen, vor der Abfahrt »das Organisatorische« zu regeln. Dann zog er aus einer Schublade seines Schreibtisches einen Umschlag mit Geldscheinen heraus und sagte: »Hier, Tochter, als Zuschuss für deine Unkosten.« Und ist es wirklich schon über 35 Jahre her, dass er vor der Führerscheinprüfung auf einem Parkplatz mit mir Autofahren geübt hat? Dass er mir gezeigt hat, wie man Fahrradschläuche flickt, und wir gemeinsam einen Musterbrief entworfen haben, mit dem ich mich jahrelang für Praktika beworben habe? (»Ich wäre Ihnen dankbar, wenn Sie mir die Gelegenheit gäben, mich bei Ihnen vorzustellen.«) Dass er spontan für ein paar Stunden nach Paris gefahren kam, um nach mir zu sehen, als ich dort während meines Auslandsjahres nach dem Abitur krank im Bett lag und niemanden kannte, der mir Medikamente besorgt?

Die Fürsorge meines Vaters ist der Grund, warum ich mich noch lange, nachdem ich zu Hause ausgezogen war, innerlich gesträubt habe, mich mit Krankenversicherungen zu beschäftigen. Solche Sachen waren die Domäne meines Vaters, da wusste ich mich bestens versorgt. Er kümmerte sich und gab mir Sicherheit. Dass er mal alt und gebrechlich wird, daran habe ich lange nicht geglaubt. Er war immer ein Puffer, auch zwischen mir und dem Tod. Wenn die Väter gehen, folgen naturgemäß die Mütter, und dann sind wir Kinder als Nächste dran.

Der große Feuilletonist Fritz Raddatz fragt sich 72-jährig im zweiten Band seiner Tagebücher: »Wie viel Zeit bleibt mir noch? Und wie richte ich diese Zeit sinnvoll aus beziehungsweise ein? Nur aufräumen, Nachlass ordnen, alles ordentlich hinterlassen?« Knapp 200 Seiten später steht: »Wie umgehen mit dem bisschen Zeit, das einem noch gegeben ist?« Und weitere 139 Seiten später heißt es: »Wie lange noch? Wie weiter? Wann ist der Moment, alles zu beenden? Wann weiß man's?« Raddatz wusste es ein halbes Jahr nach seinem 83. Geburtstag. Da fuhr er in die Schweiz, um sein Leben mit Hilfe einer Sterbehilfeorganisation zu beenden. Begleiteten Freitod nennt man das.

Nicht zu wissen, wie viel Zeit ihm bleibt, belastet auch meinen Vater. Er ist ein methodischer Mensch, einer, der alles plant, und da passt die Unberechenbarkeit des Alters nicht ins System. Im Alter beginnt jeder einzelne Tag mit Selbstbeschau. Wie fühle ich mich heute? Zu was bin ich fähig? Was geht?

Seit jeher ein umständlicher Mensch, sehnt sich mein Vater nach Klarheit. Das Leben muss übersichtlich sein, von daher auch sein Grundsatz, für jedes neu angeschaffte Kleidungsstück ein altes zu entsorgen. Überraschungen sind ihm ein Graus, sogar Spontaneität ist sorgfältig geplant. Eine typische Bemerkung von ihm im Zusammenhang mit Weihnachten ist der Satz: »Am besten versucht man, es schön zu finden!« Er ist kein leichtherziger Mensch, sondern einer, der sich die Welt über den Intellekt erschließt. Alles ist hart erarbeitet.

Heute fragt er sich in dunklen Momenten, ob sich die mühsame Plackerei, um einigermaßen fit zu bleiben oder sich nach einem der (immer häufiger werdenden) Rückschläge wieder fit zu machen, überhaupt noch lohnt. Er grämt sich über die Ungewissheit, über das Ausbleiben einer »genauen Prognose«. Dankbar sein für jeden weiteren Tag, den er erlebt, ist seine Sache nicht. In den Tag hineinzuleben, das hat er nie gelernt. In seiner Generation zählen Fleiß und Wirksamkeit. Was man als Arbeit und Leistung definieren kann, geht in Ordnung. Einfach nur zu sein reicht nicht aus.

Die allermeisten Lebensläufe bergen eine Logik. Es kam, wie es sich abzeichnete, wie es kommen musste. Je älter man wird, desto unwiderruflicher gilt das. Dass mein Vater wurde, was er jetzt ist, hängt damit zusammen, dass er seine Kindheit im Krieg erlebt hat und die Jugend in der Zeit danach. Das sind die Themen, nach denen ich jetzt oft frage, wenn wir uns sehen. Ob er zu erzählen bereit ist, hängt davon ab, wie viel auf der Liste abgearbeitet wurde, die er ständig führt. Was erledigt ist, etwa Briefumschläge besorgen oder Hörgerät reparieren, streicht er mit weichem Druckbleistift auf der Liste durch. Erst wenn alles erledigt ist, fühlt er sich frei für Neues und Ungewohntes. Also eigentlich nie.

Manchmal klappt es, und dann erfahre ich Dinge, von denen ich in meinem Leben als Tochter bislang nichts wusste. Zum Beispiel hatte ich noch nie von Ulrike gehört, seiner kleinen Schwester, die nach dem Krieg auf die Welt kam und nur drei Monate alt geworden ist. »Vermutlich erfroren, sie war sehr geschwächt. Es war die Nachkriegszeit, wir hatten Hunger.«

»Was konntest du als Kind mit deinem Vater gut besprechen und was mit deiner Mutter? Erzähl mal!«, bitte ich ihn.

»Zu beiden Eltern hatte ich eine sehr innige Beziehung. Auch oder gerade, weil es uns im Krieg schlecht ging, hingen wir sehr eng zusammen. Es war sehr fröhlich und lustig bei uns.«

»Klingt nach einem starken Familienzusammenhalt.«

»Ja, den gab es. Wir drei Kinder standen nicht unter dem Diktat der Eltern, es lief auf Gleichberechtigung hinaus. Als einziger Sohn hatte ich eine starke Position, denn ich musste all die praktische Arbeit erledigen, die mein Vater mit seinen Pianistenhänden nicht machen konnte. Man wurde gebraucht.«

Als Zehn- bis Zwölfjähriger hat mein Vater im Haushalt Männerarbeit verrichtet. Er hat für Holz gesorgt und die Öfen geheizt. Als er das erzählt, verstehe ich plötzlich, warum der Heizungskeller sein Lieblingsort ist. Egal, in welchem Haus wir gewohnt haben – immer war der Heizungskeller äußerst gepflegt und behaglich. Kein verdreckter Maschinenraum, sondern ein Ort, an dem man sich gerne aufhält und der so sauber ist, dass man dort wichtige Dinge aufbewahren kann, Wanderschuhe zum Beispiel.

Durch den Krieg hat mein Vater früh gelernt, für andere zu sorgen und auch für sich selbst. Später hat er sein Studium komplett selbst finanziert, erst mit harter körperlicher Arbeit in einer Neumünsteraner Tuchfabrik, dann im Lohnbüro eines großen Betriebs. Bei der *Rheinischen Post* in Düsseldorf hat er nachts Zeitungsstapel vom Band zum Packen getragen. Als junger Arzt an einem öffentlichen Krankenhaus hat er zu Beginn seiner Ehe in den Ferien zusätzlich Geld mit Praxisvertretungen verdient.

»Warum bist du Arzt geworden?«, frage ich.

»Das war der Wunsch meiner Mutter, sie hatte enormen

Einfluss auf mich. Ihre beiden Brüder waren Orthopäden und lebten glamouröser als meine Eltern, so ein Leben wie das der Brüder hat sie mir auch gewünscht. Aber sie hätte auch jede andere Entscheidung akzeptiert, es gab keinen Druck.«

»Was wärst du sonst gern geworden? Gab es eine Alternative?«

»Landwirt. Das hätte mir großen Spaß gemacht. Ich glaube, ich wäre gut geeignet gewesen, einen großen oder sogar sehr großen Hof zu bewirtschaften.«

»Woher weißt du das?«

»Als Junge und später auch als Teenager habe ich die Ferien oft auf dem Bauernhof von Grete verbracht, einer ehemaligen Hausangestellten unserer Familie. Erst war es körperliche Arbeit: Ställe ausmisten, Torf stechen und reinholen. Wahnsinnig schwere Arbeit, einmal bin ich fast zusammengebrochen, aber das hätte ich natürlich niemals zugegeben. Später spielten auch Gretes beide Töchter eine Rolle. Unglaublich, was ich auf diesem Hof vom Leben mitgekriegt habe.«

»Glaubst du, als Landwirt wärst du glücklicher geworden?«

»Kann ich nicht sagen. Es ist wahrscheinlich mit Recht nicht dazu gekommen. Es gab ja keine Grundlagen.«

»Warum hast du dich als Arzt auf die Neuroradiologie spezialisiert? Warum bist du nicht Gynäkologe geworden oder Orthopäde?«

»Es hat sehr lange gedauert, bis meine Leidenschaft für die Medizin überhaupt erwacht ist, eigentlich erst in der zweiten Hälfte des Studiums. Dann hat mich die Radiologie interessiert. Zur Neuroradiologie kam ich durch Zufall, als mein Doktorvater mich an ein radiologisches Institut in Stuttgart mitnahm, das er weiterentwickelte. Dort gab es bereits einen Oberarzt und mehrere Assistenzärzte, ich musste mich also integrieren. Ich bin ja nicht der Typ, der auf den Putz haut, also habe ich versucht, mich zu arrangieren. Mir wurde signalisiert, ich müsse mir ein Spezialgebiet suchen, und die Neuro-Röntgendiagnostik hat sich gut geeignet. Das konnte damals noch keiner.«

Es gab keinen besonderen Grund dafür, aber bis zu diesem Moment hatte ich geglaubt, mein Vater wäre Neuroradiologe geworden, weil ihn das Gehirn als Organ fasziniert hat – als das beziehungsermöglichende und sinnverleihende Organ des Menschen, das, was ihn grundsätzlich ausmacht. Ich war davon ausgegangen, es sei eine bewusste Entscheidung gewesen, sich ausgerechnet mit dem Bereich intensiv auseinanderzusetzen, an dem sich unsere Identität bildet. Offenbar habe ich meine eigene Faszination auf ihn projiziert. In meiner Wahrnehmung ist das Gehirn ein unerklärliches Wunder, eine sagenhaft komplexe Maschine, unendlich viel spannender als Herz, Blutkreislauf oder Knochengerüst des Menschen, rätselhafter zumal.

Je länger ich meinem Vater zuhöre, desto mehr verstärkt sich der Eindruck, sein Leben sei ihm irgendwie passiert. Vieles scheint auf Zufällen zu beruhen, auch das Altwerden scheint ihn überrascht zu haben. Lange Zeit hat er es verdrängt, jetzt holt es ihn ein, unerbittlich.

»Ich sitze in der Falle«, umschreibt er seine Situation als alter Mann, »ich wünschte, ich hätte mehr Kontakt zu anderen alten Leuten.« Seine Frau ist zwanzig Jahre jünger, und Freundschaften hat mein Vater nie gepflegt. Er hat kaum Freunde in seinem Alter, hat keine Hobbys und wenig Interessen jenseits des Berufs, Freizeit war ihm immer suspekt.

Als ich ihm vorschlage, sich für andere Aktivitäten zu öffnen und zum Beispiel an Abenden, die sich lang hinziehen, ein Puzzle zu legen, schaut er mich entgeistert an. »Um Gottes willen, nein. Auf gar keinen Fall.« Wir brechen in schrilles Gelächter aus, alle beide.

Tagsüber sitzt er viele Stunden am Schreibtisch, an der Wand in seinem Rücken gerahmte Urkunden der Ehrenmitgliedschaften in zwei amerikanischen radiologischen Gesellschaften und in Griffweite der Erste-Hilfe-Knopf, der ihn notfalls mit einer Rettungsstelle verbindet. Zwischendurch schläft er oder zwingt sich zu Bewegung. Nachts erkennt man am Lichtstrahl seiner Taschenlampe, dass er in die Küche schlurft, um Schokolade zu holen. Heißhunger auf Süßes gehört zu den vielen Nebenwirkungen der Medikamente, die er nimmt.

Was mein Vater in den vielen Stunden am Schreibtisch macht, ist mir nicht klar. In gewisser Weise ist er ausschließlich damit beschäftigt, alt zu sein beziehungsweise ist die Wiederherstellung der Gesundheit seine vorrangige Lebensaufgabe geworden. Eine Menge Zeit geht am Schreibtisch also mit der Verwaltung der Krankheit drauf: Rechnungen einreichen, Arzttermine machen, Informationen suchen. Wenn es gut läuft, liest er E-Books auf dem Computer oder hört Musiksendungen im Radio. Wenn es nicht so gut läuft, verbringt er Stunden, Tage und Wochen in Arztpraxen und Krankenhäusern. Wenn es wirklich gut läuft, beschreibt er mir die notwendigen Verrichtungen im Leben eines Alten mit jener selbstironischen Distanz, mit der er mich zum Lachen gebracht hat, seit ich denken kann.

Zum Beispiel so: »Im höheren Alter – so würde ich mein Alter jetzt bezeichnen – konzentriert man sich darauf, dem Verfall entgegenzuwirken. Es gibt so viel zu tun! Eigentlich müsste ich jeden zweiten Tag meine Beine eincremen, aber das ist mir zu lästig. Die Ziele und Gewichtungen ändern sich insgesamt. Heute befriedigt es mich beispielsweise, herauszufinden, wie ich mit meiner neuen Prothese zurechtkomme: wie sich der Speichelfluss verändert und wie ich sie am besten reinige. Der Speichelfluss lässt im Alter übrigens nach, und deshalb bekommt man Mundgeruch. Auch Tränen verändern ihre Konsistenz, sie werden wässriger. Erstaunlich, an welchen Stellen der Körper alles altert, oder?«

Seit ich mich erinnern kann, hat mein Vater sich selbst gnadenlos analysiert und kritisiert. Wenn er über sein Leben spricht, klingt es, als diktierte er einen Befund. Punkt, Absatz, neue Zeile. Den eigenen Körper beobachtet er mit nüchterner Distanz, zum Beispiel beschreibt er das bei alten Leuten gängige Phänomen tränender Augen so: »Man bekommt diese hässlichen Opa-Augen: Triefend, rot, nach unten verformt. Das liegt daran, dass die Tränen nicht mehr richtig abfließen können, weil durch die Verformung des Lids die Trichterform verloren geht. Lauter gemeine Verschleißerscheinungen.« Oder er beschreibt anschaulich, wie er sich auf seine alten Tage die Fußnägel schneidet: Weil die Nägel steinhart geworden sind, müssen zunächst die Füße eingeweicht werden. Dann kürzt er seine Nägel mit einer Feile aus dem Werkzeugkasten, eine dieser groben Feilen, mit denen man normalerweise Metall bearbeitet.

Der unsentimentale Blick meines Vaters auf sich selbst ist auch eine *déformation professionelle*. Das hat der amerikanische Neurochirurg Paul Kalanithi festgestellt, der mit 37 Jahren an Krebs starb und zuvor in dem Buch *Bevor ich gehe* schilderte, wie sehr die eigene Sterblichkeit seinen professionellen Blick auf den Tod verändert hat: »Ärzte erleben Menschen in ihrer größten Verletzlichkeit, ihrer größten Angst, ihren intimsten Momenten. Sie helfen ihnen auf die Welt und befördern sie wieder hinaus. Einen Körper als Ding und Mechanismus zu betrachten, ist die Kehrseite der Tatsache, dass Ärzte die größten Qualen der Menschen lindern.« Und es ist ein Generationenproblem, wie Katja Thimm in *Vatertage* schreibt: Die Männer, die im Krieg herangewachsen sind, »verstehen ihren Körper als funktionierende Maschine, die sich mit Medikamenten ölen lässt. Sie ignorieren ärztliche Ratschläge. Ihr Verhalten sei generationentypisch, sagen Psychotherapeuten und Hirnforscher. Selbst die körperliche Selbstüberschätzung sei eine späte Folge vom Krieg. Immer habe der Körper funktioniert, auch bei bitterem Mangel. Doch mit einem Mal sind sie alt und verlieren – mitten in Frieden und Wohlstand – den Körper als Verbündeten. Sie werden abhängig von fremder Hilfe, wehren sich dagegen. Die Hilflosigkeit von früherer Zeit soll sie nie mehr einholen.«

Bei meinem Vater kommt erschwerend hinzu: Er ist kein Genussmensch. Nichts geschieht um seiner selbst willen, alles hat eine Funktion. Durch Nahrungsaufnahme wird der Stoffwechsel in Gang gehalten, also der innere Ofen befeuert. Essen heißt für meinen Vater »was reinfüllen« oder »das Hungergefühl abtöten«. Essen ist ein Problem, wenn es nicht in dem Moment dampfend auf dem Tisch steht, den er für die Abtötung des Hungergefühls vorsieht. Wie die meisten Männer seiner Generation hat er nie gelernt zu kochen, und auch das macht ihn von der Fürsorge anderer abhängig, was ihn wiederum stört.

Nach der Krebsdiagnose hat es eine Weile gedauert, bis die Wucht der Nachricht eingesickert, ihre Endgültigkeit zu uns durchgedrungen ist. Und dann, nach einer kurzen Phase der Niedergeschlagenheit, passierte etwas Merkwürdiges: Mein Vater begann seine eigene Krankheit wie ein Außenstehender zu analysieren. »Eine hochinteressante Krankheit! Ich werde mich intensiv damit befassen, um die Zusammenhänge zu verstehen. Die sind sehr komplex.« Manchmal klang er so begeistert wie früher, wenn er einen außergewöhnlichen Fall zu Gesicht bekam. Auch die Tatsache, dass es sich um eine *orphan disease* handelte, eine Krankheit, die so selten auftritt, dass sie in der Praxis eines Allgemeinmediziners höchstens einmal pro Jahr vorkommt, schien ihm zu gefallen. Als ich ihn vor einer Knochenmarkpunktion fragte, ob er nervös sei, winkte er ab. »Überhaupt nicht. Ich habe diese Krankheit, und über den Verlauf zerbreche ich mir nicht den Kopf. Wie sie sich entwickelt, kann ich an mir selbst beobachten.«

Doch auch diese Phase ging vorüber, und der anfänglich interessierte Blick meines Vaters ist im Laufe des Jahres großer Schwermut gewichen. Die starken Medikamente machen ihn müde und antriebslos, zudem fängt er sich wegen des geschwächten Immunsystems immer neue Infekte und Entzündungen ein. Die fehlende Abwehrkraft des Körpers führt beim Plasmozytom letztlich zum Tod. Er werde am Ende ziemlich sicher an Nierenversagen oder einer Lungenentzündung sterben, sagt mein Vater nüchtern voraus.

Anfangs hat er noch tapfer dagegengehalten und sich zu »einer gewissen Lebensfreude gezwungen«, wie er es formuliert. »Meine Tagesform ist sehr unterschiedlich. Aber manchmal gelingt es, mich an kleinen Dingen zu erfreuen. Heute zum Beispiel am ersten Schnee.«

Ein paar Monate später klang der Wunsch, aus dem seelischen Tief herauszufinden, bereits dringlicher: »Ich werde mich anstrengen, dass es mir besser geht. Dass ich mich besser fühle. Aus der Lethargie rauskomme.« Zwischendurch selbstironisch: »Ich hab' nicht mal Lust, aufzuräumen oder eine Schmutzecke zu beseitigen.« Und schließlich: »Ich muss versuchen, eine positivere Grundeinstellung herbeizuführen. Es würde mir schon reichen, wieder produktiv gammeln zu können. Kleine Verrichtungen im Alltag zu machen. Das, was in meinen Zuständigkeitsbereich fällt, ordentlich zu erledigen, zum Beispiel Überweisungen.«

So verliert mein Vater nach und nach seine Fähigkeiten und auch den Lebensmut. Erstaunlich, wie wenig man diese Zeit nutzt, sagt er einmal und spielt auf die Medikamente an, mit denen extra Zeit teuer erkauft wird. Da möchte ich ihn am liebsten mitnehmen in eins dieser Pflegeheime, in denen alte Menschen bettlägerig und einsam auf den Tod warten, ihr stumpfer Alltag durchbrochen von drei Mahlzeiten und dem Sound von RTL 2. Möchte ihm sagen, schau doch, wie gelungen dein Leben ist mit einer starken Frau, die dich zu jedem Arzttermin begleitet und sich um dich sorgt, mit fünf Enkeln, die Grund zur Freude sind, und Kindern, die dich lieben. Und es gibt sie ja, die Phasen, in denen er vom Leben berauscht ist und ihn alles Mögliche beglückt.

Seltsam, wie das, woran ich mich früher gerieben habe – das Eigenbrötlerische und Lavierende meines Vaters –, am Ende belanglos erscheint. Es fällt mir nicht schwer, über seine Schwächen hinwegzusehen, im Gegenteil. Übrig bleibt der Wunsch, ihn glücklich zu sehen. Und das Gefühl tiefer Zuneigung und Dankbarkeit, dass er mein Vater ist.

»Wenn die Eltern alt und krank werden, bekommt das Leben ein anderes Gewicht«, hat eine kluge Freundin, deren chronisch kranker Vater seit Jahren seinen Tod herbeisehnt, neulich geschrieben. Das Leben alter Leute wird schwerer und das ihrer erwachsenen Kinder auch. Ein anderes Gewicht auch hinsichtlich des Wertes: Man ist dankbar für jedes Wiedersehen und jedes Gespräch, das gelingt. Schlimm sind die Abschiede nach jedem Besuch. Auf der einen Seite zerrt die eigene Familie, das eigene komplexe Leben mit halb großen Kindern und einem Beruf, Eltern und Schwiegereltern geografisch weit versprengt – auf der anderen Seite läuft die Zeituhr, gnadenlos. Wie viel (gute) Zeit bleibt uns noch? In welcher Verfassung werde ich meinen Vater das nächste Mal sehen?

Als ich ihm zu seinem 83. Geburtstag gratuliere, plaudern wir eine Weile sorglos am Telefon. Und dann, ich weiß nicht mehr, warum, fange ich plötzlich an zu weinen. Meine beiden Brüder sind bei ihm im Saarland und ich in Berlin, vielleicht ist es das Gefühl, wieder mal am falschen Ort zu sein beziehungsweise am richtigen Ort zur falschen Zeit. Ich entschuldige mich für die Tränen, und mein Vater sagt: »Lass mal, ich finde das eigentlich ganz schön.«

Der Moment, an dem ich zum ersten Mal diese spezielle Art von Wehmut erlebt habe, liegt ein paar Jahre zurück. Ich besuchte meinen Vater ein paar Tage auf Malta, gemeinsam stromerten wir über die Insel, es war Frühling, und alles blühte. Er stellte mich der Gemüsefrau vor, bei der er seine Tomaten kaufte, wir kochten gemeinsam, und ich genoss das Gefühl bedingungsloser Vertrautheit, das es exklusiv zwischen Eltern und ihren Kindern gibt. Dann verabschiedeten wir uns, er blieb, auf seinen Stock gestützt, im Hauseingang stehen, ich stieg ins Taxi, winkend, bis seine bucklige Gestalt verschwand, und plötzlich strömten meine Tränen. »It will be alright«, hat der Fahrer nach einem Blick in den Rückspiegel gesagt, alles wird gut, aber ich heulte den ganzen Weg zum Flughafen. All diese vorweggenommenen Abschiede helfen, irgendwann den einen Abschied zu ertragen, den großen am Ende, so scheint es mir heute.

Das Interview
meines Lebens

Hast du ein Lebensmotto? Eine Art Leitmotiv?«
»Nicht, dass ich wüsste«, sagt mein Vater und denkt
nach. »Nein, Ilka, das wäre zu einfach.«

Es ist Herbst, wir sitzen im Intercity von Mannheim nach
Berlin. Seit knapp einem Jahr bekämpft mein Vater jetzt
seinen Krebs mit starken Medikamenten – eine Zeit, in der
er sich immer weiter selbst verliert. Aber aus Unmut über
die Krankheit ist Lebensüberdruss geworden, er meidet
Telefonate und zieht sich zurück, ist unerreichbar. Meine
Unruhe wächst. Wie geht es ihm, was kann ich für ihn tun?
Zudem schleppe ich einen Haufen ungestellter Fragen mit
mir herum. Was denkt er über sein Leben? Wie sieht sein
Weltbild aus? Es drängt mich, Rückschau zu halten und
seine Lebensgeschichte festzuhalten, für mich und seine
Enkel, damit wir eine klare Vorstellung von unseren Wurzeln bekommen. Vor allem: mit wem könnte ich besser über
den Tod sprechen als mit ihm, dem schonungslosen Analy-
tiker, gleichzeitig wissenschaftlich nüchtern und mir emotional vertraut? So viele schlimme Diagnosen hat er im Laufe
seines Lebens übermittelt, was löst die eigene bei ihm aus?
Als Journalistin habe ich im Laufe der Jahre Hunderte Interviews geführt und Menschen über ihr Leben ausgefragt,
die ich vorher und nachher nie wieder gesehen habe. Meinen Vater habe ich nie über sein Leben befragt, das will ich

jetzt nachholen. Ich führe ein Interview mit ihm, mit Tonband und Fragen, die ich auf einem Blatt Papier notiert habe, das übliche Programm. Als Ort habe ich den Intercity gewählt, denn hier lenkt uns niemand ab, es ist ein Ort, an dem man sich gut aufeinander einlassen kann. Wir fahren unter der Woche, im Zug sind viele Plätze frei, wir haben ein Abteil ganz für uns allein.

Mein Vater hat in dieses Interview sofort eingewilligt, dem wohl wichtigsten Interview meines Lebens, es schien ihn zu interessieren und war ihm vielleicht sogar willkommen als vorübergehender Ausweg aus dem Alltagstrott zu Hause am Schreibtisch und im Bett. »Kann ich mich inhaltlich irgendwie vorbereiten? Schickst du mir was zu lesen?«, hat er sich ein paar Tage vor der Reise erkundigt, und als ich verneine, wirkt er ein bisschen erschreckt. Bis zuletzt habe ich Angst, er würde doch noch einen Rückzieher machen, aber dann steht er, als ich ihn abhole, schon eine Stunde vor der Abfahrt in Jacke und Schuhen im Flur, mit Koffer und Rucksack und großer Nervosität. Jetzt sitzen wir also im Zug, da lässt es sich gut reden, im Niemandsland zwischen A und B.

Was ist der Tod?
Der Tod ist das Ende des Lebens. Ansonsten mache ich mir keine Illusionen: Mit dem Tod verlischt das Leben, und der Körper verwest. Das, was nicht verwest, geht in den Zustand zurück, in dem es vor der Geburt war. Zurück ins Nichts.

So was wie eine Seele gibt es in deinem Weltbild also nicht?
Nein, gibt es nicht. Für mich stellt sich Leben als eine Viel-

zähl naturwissenschaftlich definierter, biochemischer Prozesse dar. Auch die letzten Rätsel werden irgendwann dem menschlichen Intellekt zugänglich sein. Ich glaube nicht an eine höhere Macht oder ans Schicksal. Ich glaube an den Zufall: Das Leben ist zufällig entstanden und hat sich zufällig entwickelt, es hat kein Ziel.

Aber es bleibt vom Menschen eine Substanz zurück, die es vor seiner Existenz nicht gab: Calciumphosphat aus den Knochen. Außerdem natürlich die Erinnerungen an ihn. Und wenn jemand Kinder hat, gibt er Gene weiter.
Quantitativ passiert natürlich was in der Lebenszeit eines Menschen. Er hinterlässt etwas, das es vorher nicht gab.

Was ist der Sinn des Lebens: Einfach nur existieren?
(lange Pause)
Biologisch gesehen, besteht er in der Erhaltung der Art. Es fällt mir schwer, da was anderes zu formulieren.

Damit neues Leben nachwachsen kann, muss altes Leben Platz schaffen. Eigentlich ein versöhnlicher Gedanke: Die Alten treten ab, damit die Jungen sich entfalten können.
Der Tod hat den Sinn, dass die ganze Sache nicht ausufert. Wenn das Leben überhandnehmen würde, verwucherte und verwilderte alles. Der Tod ist notwendig, um eine Ordnung aufrechtzuerhalten. Natürlich könnte man fragen: Wer ist interessiert an einer Ordnung? Eine Macht oder ein Schicksal?

Diese Frage bleibt für dich offen.
Ja.

Wie begegnest du der Tatsache, dass dein Leben langsam zu Ende geht?
Ich halte das für einen physiologischen Prozess, der notwendig ist und mir keine Angst einjagt.

Keine Angst vorm Sterben?
Ich habe Angst vor den Begleitumständen. Den Schmerzen. Aber ich sehe darin nichts Bedrohliches.

Inzwischen gibt es ja Palliativmediziner …
Was die Schmerzlinderung im Krankenhaus betrifft, bin ich sehr skeptisch. Die Schwestern dürfen selbst nichts entscheiden, und am Ende bekommt man höchstens ein paar Tropfen Novalgin, diese Erfahrung habe ich gemacht.

Wie sieht gutes Sterben deiner Meinung nach aus?
Durch einen kurzen Vorgang zum Tod befördert werden. Ich kann mir das sowohl im Krankenhaus als auch zu Hause vorstellen. Krankenhaus wäre vielleicht sogar ein bisschen besser. Ja, ich glaube, ich würde lieber im Krankenhaus sterben. Man weiß, es wird dort alles getan.

Würdest du lieber im Schlaf oder bei Bewusstsein sterben?
Ich wäre sehr gern bewusst bei der Sache. Ich möchte schon gerne wissen, was da passiert.

Deine Haltung zu aktiver Sterbehilfe?
Großes, schwieriges Thema. Mein ärztlicher Beruf hindert mich daran, aktive Sterbehilfe zu befürworten. Weil sie zu sehr mit den Prinzipien und der Ethik meines Berufes kollidiert.

Du lehnst Sterbehilfe auch für dich selbst komplett ab?
Das hängt natürlich von wechselnden Gemütszuständen ab. Ich kann nicht ausschließen, dass ich bei einem bestimmten Krankheitsfortschritt sage: Ich bitte um Beendigung meines Lebens.

Hat sich diese weniger absolute Haltung im Laufe deiner Krankheit entwickelt?
Ja, hat sie.

Siehst du einen Zusammenhang zwischen deiner Krankheit und der Tatsache, dass du in deinen ersten Berufsjahren relativ sorglos mit Röntgenstrahlen umgegangen bist?
Das ist durchaus möglich. Ich bin aber nicht sorgloser damit umgegangen als alle anderen. Damals gab es noch nicht die Schutzmöglichkeiten von heute: Regelmäßige Messungen von Experten und Kontrollen durch Behörden. Heute gibt es viel effizientere Schutzkleidung als zu meiner Anfangszeit, und die Geräte sind so gebaut, dass weniger Streustrahlung austritt. Bei Myelographien stand ich während der Durchleuchtung schon sehr oft im Nutzstrahlkegel.

Haderst du damit?
Kein bisschen. Das bringt ja nichts. Zumal gar nicht hundertprozentig erwiesen ist, dass meine Krankheit darauf zurückzuführen ist.

Was verändert die Nähe zum Tod an deinem Lebensgefühl?
Ich nehme eine Menge Dinge überhaupt nicht mehr ernst, und mich wirft nicht jedes Ereignis innerlich um. Weil mir bewusst ist, das Ende ist absehbar und es ist auch gut so.

Wenn ich mich auf mein Ende vorbereiten müsste, würde ich,
glaube ich, ganz viel Persönliches wegschmeißen. Mir wäre es
unangenehm, wenn Notizen und Tagebücher herumliegen,
ohne dass ich es kontrollieren kann. Geht dir das auch so?
Den Gedanken habe ich eine Zeit lang gehabt, aber irgendwann eingestellt. Habe mir gesagt: Du kannst das nicht re-
gulieren, welche Details von dir bestehen bleiben oder in die
Hände anderer kommen. Ich lasse das bewusst so laufen,
wie es läuft. Weil ich es nicht mehr schaffe, da was auszu-
sortieren. Außerdem will ich gar keinen Einfluss mehr auf
das Bild nehmen, das ich abgebe. Es »editieren«. Da wird es
keine große Überraschung geben. Ich bin ja im Großen und
Ganzen in Gefühlsdingen immer sehr offen gewesen. Habe
euch gebraucht als Zuhörer und Regulatoren. Da ist nichts
verheimlicht worden.

Wie hast du den Tod deiner Eltern erlebt?
Bei meinem Vater war ich während des Sterbens dabei und
habe es als sehr traurig empfunden: Sein Ringen mit dem
Leben oder mit dem Tod. Es war ein schweres Sterben.
Meine Mutter ist im Haus meiner Schwester gestorben. Ich
glaube, sie war achtzig.

Deine Schwester hat sich, als sie alt und krank wurde, sehr be-
wusst damit auseinandergesetzt, wie sie sterben will. Ihre aller-
letzte Lebensphase hat sie im Hospiz verbracht.
Sie ist vorbildlich gestorben. Ich hoffe, mir gelingt das auch,
wenn es so weit ist: Loslassen und entspannen können. Das
ist natürlich schwer für jemanden, der so analytisch ist wie
ich und die Kontrolle behalten will.

Wie hat dich das Sterben deines Vaters verändert?

Es hat mich sehr geformt. Ich war jung und stark überfordert. Ich hatte das Studium kaum abgeschlossen und nicht die nötige Reife, um Entscheidungen zu treffen im Verlauf dieses Sterbeprozesses. Ob man ihn operiert oder nicht. Es ging um eine Blutung im Zwölffingerdarm, die mit Blutkonserven nicht gestillt werden konnte. Das Blut lief einfach durch meinen Vater hindurch. Und für eine Operation war er eigentlich schon zu schwach. Später hatte ich enorme Schuldgefühle.

Was hat dich getröstet? Musik?

Musik hat mich getröstet, ja. Das ist mir übrigens sehr wichtig festzuhalten: Meine korrekte, nüchterne und sachliche Betrachtung von Leben und Tod stand immer in einem starken Gegensatz zur Verehrung der großen Komponisten religiös-geistlicher Musik. Es ging los mit Händels Grobschmied-Variationen, das war meine erste Platte, ein Exemplar aus der Ostzone. Die habe ich immer gehört, wenn ich Trost brauchte.

Wir haben Göttingen und Hildesheim passiert, sind jetzt kurz vor Wolfsburg. Vor dem Fenster gelbblühende Rapsfelder, die letzten in diesem Jahr, Windräder, leuchtendes Herbstlaub. Weil wir das Abteil für uns alleine haben, sind wir ungestört. Auf YouTube suche ich eine Einspielung der Grobschmied-Variationen, die ich bislang noch nicht kannte. Eine Zeit lang hören wir schweigend zu, dann sagt mein Vater: »Wenn wir uns jetzt hier Musik vorspielen, sind wir schon ganz schön weit gekommen, oder?«

Gibt es etwas, das du unbedingt noch vollenden oder erreichen möchtest? Ein letztes Ziel?

(lange Pause)

In meinem Leben? Da müsste ich schwer spekulieren. Muss ich denn immer noch Ziele haben?

Oder letzte Wünsche?

Ein großes geistliches Werk noch mal live im Konzert zu hören, das wäre was. Zum Beispiel die Johannes-Passion.

Vielleicht kriegen wir das noch zusammen hin. Ich sehe öfter mal ältere Herren in der Philharmonie und denke, das könntest du sein.

Mein Vater wird müde, wir unterbrechen das Gespräch. Er döst bis Berlin, wo wir das Gespräch in den folgenden Tagen fortsetzen. Wir sprechen in unregelmäßigen Abständen, je nach Tagesform meines Vaters.

Als Erstes erkundigt er sich zur Orientierung nach der nächstgelegenen Apotheke, bald verlangt er nach Papier und Klarsichthüllen, ein gutes Zeichen. Tagsüber bricht er zu kleinen Erkundungsspaziergängen im Viertel auf, seinen Rettungsring, den Rucksack, immer dabei. Manchmal laufen wir gemeinsam, dann zeigt mein Vater mir Dinge in meinem Viertel, die mir bislang nie aufgefallen sind. Zum Beispiel den prächtigen Trompetenbaum am Eingang zur U-Bahn. »Eine Catalpa erkennt man im Herbst an den Schoten«, erklärt er.

Abends sehe ich ihn durchs Fenster im Gästezimmer am Tisch sitzen und einen Ratgeber der Deutschen Krebshilfe lesen, eine Broschüre, leuchtend blau eingebunden. Er unterstreicht, macht sich Notizen, und einen Moment lang ist er kein alter Mann mehr, sondern mein Vater von früher, wie er, über den Schreibtisch gebeugt, Vorträge und Fachbücher schreibt. Einmal hole ich ihn zum Essen, und er scherzt: »Ein Jammer, dass man nicht genug Freizeit hat, sich mit der eigenen Krankheit zu beschäftigen! Ist das Einzige, was noch Spaß macht.«

Was ist das Schlimmste am Altwerden?
Der Verlust an Muskelkraft. Dass man keine schweren Sachen mehr tragen kann und so was. Man wird dadurch sehr viel abhängiger. Schlimm ist auch der Gedächtnisverlust. Mich erinnert das an die Bilder von Gletschern in Südamerika, von denen Eisbrocken abbrechen. Mir gehen gewaltige Erinnerungs-Brocken auf einen Schlag verloren. Auch Hör- und Sehverlust spielen natürlich eine ganz große Rolle.

Das ist gewöhnungsbedürftig, obwohl du immer schon eine Brille hattest?
Irgendwann reicht die Brille nicht mehr aus. Bei mir lässt sich mit Sehhilfen nichts mehr ausgleichen, das ist ein gravierender Einschnitt.

Deshalb nimmst du oft zusätzlich eine Lupe …
Richtig. So ein Vergrößerungsglas wäre übrigens auch hier im Gästezimmer eine sehr gute Ergänzung.

Gibt es was Positives am Altwerden?
In gewissem Sinne schon. Die kritische Einstellung wird gemildert, man wird toleranter.

Man ist mit weniger zufrieden als früher?
Man setzt sich weniger unter Druck – weil es gar nicht anders geht. Wenn ich früher ein Vorhaben erledigt hatte, war ich glücklich, das nächste zu finden. Das ist vorbei.

Das war früher so?
Ja, ich musste immer irgendwas vorhaben. Sich für Ziele zu begeistern war wichtig. Ein Problem für mich lösen, etwas grundsätzlich verstehen. Ich war immer dann sehr glücklich, wenn ich mich selbst überwunden habe.

Der Mensch, der du früher, in deiner aktiven Zeit, warst, und der von heute – gibt es da große Unterschiede?
Ich war eigentlich immer ein bisschen scheu und schüchtern, mein Selbstbewusstsein war nicht groß. Du bist ja auch so – und willst es verbergen, überspielen. In gewisser Weise ist es genetisch vererbt. Es ist durchaus möglich, dass aus der Überwindung dieses Defizits meine Persönlichkeit gewachsen ist. Aber dadurch war ich sehr beeinflussbar, und ich denke manchmal, das ist der Grund, warum ich mein Leben in gewisser Weise für verpfuscht halte. Obwohl ich wahnsinnig viel Energie in dieses Leben gesteckt habe! Aber als Familienoberhaupt habe ich versagt. Ich bin das Gegenteil eines aktiven Patriarchen.

Was ist dir gut gelungen im Leben?
Gut gelungen ist mir die Aufzucht meiner Kinder. Ihr habt euch nicht schlecht entwickelt unter meiner Vaterschaft.

Stimmt, du warst ein guter Vater ... Bist es natürlich noch.
Muss ich trotz allem sagen, ja. Natürlich ist in der Bilanz

auch die Arbeit in der Natur zu bedenken, die Gartenpflege. Die ist mir auch gut gelungen. Es war immer mein großer Wunsch, mir einen außergewöhnlich schönen Garten anzulegen, und das ist mir Schritt für Schritt gelungen. Gelernt habe ich es im Neumünsteraner Garten meiner Großeltern, den habe ich nach dem Krieg stückweise wieder hergerichtet und verbessert, da war ich zwölf.

Was ist dir weniger gut gelungen im Leben?
(überlegt) Tja, sag du mal was.

Die Pflege von Freundschaften?
Richtig! Ich habe zu wenig mit anderen Menschen gesprochen und mich zu sehr in mich selbst zurückgezogen. Es gab zu wenig Austausch.

Gibt es jemanden, bei dem du das Gefühl hast, du müsstest dich noch entschuldigen?
Viele Menschen. Dafür, dass ich mich ihnen nicht genügend zugewendet habe. Zum Beispiel mein Freund Wolfgang. Auch mein Schwager Karl-Wilhelm hat nicht im Mindesten das zurückbekommen, was er mir gegeben hat.

Was bedeutet dir rückblickend am meisten?
Große Bedeutung hat die Tatsache, dass ich nicht nur angewandte Medizin betrieben, sondern auch versucht habe, wissenschaftliche Folgerungen aus meiner Tätigkeit zu ziehen. Da sind ein paar gute Sachen bei rausgekommen. Das war für mich immer wichtig: so weit zu gehen, wie möglich. Wenn schon was machen, dann richtig.

Ein Beispiel, bitte …
Zum Beispiel die Gruppe der neurokutanen Syndrome. Da hab ich mich sehr reinvertieft und meines Erachtens gute Grundlagen geschaffen. Mein Buch über Neurokutane Systemerkrankungen ist ein Standardwerk und viel zitiert worden.

Gibt es irgendwas in deinem Leben, das du heute anders machen würdest?
Ich wäre zwar auch Arzt geworden, hätte aber versucht, mehr im wissenschaftlichen Bereich tätig zu werden, statt im ökonomisch lukrativen Bereich, also dem klinischen. Der Schwerpunkt meiner Arbeit war routinemäßige Krankenversorgung. Ich hätte früher erkennen müssen, dass ich das gar nicht will: Reich werden durch ärztliche Tätigkeit. Es hat mir nichts gebracht.

Weil dir materielle Dinge nicht viel bedeuten?
Ja. Weil sie nichts im Vergleich zu der Befriedigung sind, die einem die wissenschaftliche Tätigkeit gibt. Aber da hätte ich sehr vernünftig sein müssen, um der Versuchung des Geldes zu widerstehen.

Das klingt, als hättest du die Wissenschaft vernachlässigt, dabei hast du auf diesem Gebiet eine Menge erreicht, ich meine, als Pionier der Neuroradiologie hast du viel dazu beigetragen, dass sie als eigenes Fach anerkannt wird.
Das stimmt. Ich habe gewisse Standards für das Fach mitentwickelt.

Wann ging das los mit dem Geld?
Von Beginn an habe ich versucht, finanziell so gut wie möglich dazustehen.

Hängt das mit der Kriegserfahrung zusammen?
Sicher, ja. Zum Teil kann man das mit den geringen materiellen Möglichkeiten, die wir im Krieg und danach hatten, erklären.

An was, hoffst du, werden sich die Menschen nach deinem Tod erinnern?
An meine tolerante Einstellung. Das war ich wirklich: tolerant. Habe mir Mühe gegeben, das zu sein. Ich hatte immer Verständnis für die Belange und Bedürfnisse anderer Menschen. Ich möchte nicht als autoritär in die Familiengeschichte eingehen, denn das war ich nicht. Ich habe versucht, euch zu selbständigen Denkern zu erziehen.

Nach einer guten Woche bringe ich meinen Vater zurück ins Saarland. Am Vorabend der Reise packt er seinen Koffer. Kopfkissen, Wanderschuhe, Kulturbeutel und Kleidungsstücke werden systematisch verstaut. »Lass uns rekapitulieren, was wir nächstes Mal besser machen können«, sagt mein Vater. »Ich stelle fest, dass die kleinere Koffergröße für einen Besuch in Berlin ausreichend ist.« Dann sitzen wir wieder im Intercity. Dieses Mal, auf der Fahrt in die umgekehrte Richtung, ist das Abteil bis auf den letzten Platz besetzt. Mein Vater lehnt sich zurück, schließt die Augen und schläft.

Angekommen

Ein Sitzungsraum im Lazarus Hospiz, fast drei Jahre, nachdem ich den Kurs für die Sterbebegleitung begonnen habe, 18 Uhr. Die erste Praxisbesprechung des neuen Jahres findet statt, auf jedem Stuhl liegt ein Glückskeks. Einmal im Monat treffen sich Ehrenamtliche und Hospizdienst-Koordinatoren in dieser Runde zum Austausch, es ist ein Forum, um den Zusammenhalt zu stärken. Oft geht es um Organisatorisches wie beispielsweise die Suche nach einem Freiwilligen für den Informationsstand auf der Berliner Hospizwoche oder die Erstattung von Fahrtkosten auf dem Weg zu Einsätzen. Es geht um Formulare, denn auch ein Hospiz ist ein Ort der Bürokratie. Der Verlauf jeder Sterbebegleitung wird auf sogenannten Stundenzetteln und Begleitprotokollen dokumentiert. Auch Grundsätzliches wird bei den Praxisbesprechungen diskutiert, etwa die Frage, was man am ambulanten Hospizdienst verbessern könnte.

An diesem Abend im Januar ist der Kreis ungewohnt groß, denn zum ersten Mal sind die Neuen dabei, also diejenigen, die gerade ihren Vorbereitungskurs zur Sterbebegleitung abgeschlossen haben. Gebäckteller und Teekannen stehen bereit, der Duft von Kardamom und Pfefferminz zieht durch den Raum. Es wird getuschelt und gekichert, man sieht gerötete Wangen und verlegene Blicke, angespannte Erwartung liegt in der Luft, genau wie damals, als ich nach der Ausbildung zum ersten Mal in dieser Runde saß.

Lydia, die Hospizdienst-Chefin, eröffnet das Treffen mit einer kurzen Meditation. Sie spielt auf einer Körpertambura, das ist ein hölzernes Saiteninstrument, das in Heilberufen therapeutisch eingesetzt wird. Wegen seiner gewölbten Form kann es direkt auf den Körper aufgelegt werden, so dass der Patient die Musik wie eine Klangmassage wahrnimmt. Der Klang erinnert an eine indische Sitar, an diesem Abend soll er helfen, den Alltag hinter sich zu lassen und in der Runde anzukommen, viele kommen direkt von der Arbeit. Ich schließe die Augen. Mir fällt ein, dass ich später noch tanken muss.

Es folgt eine Vorstellungsrunde, jeder nennt seinen Namen und erzählt, warum und seit wann er Sterbende begleitet. Die Motive unterscheiden sich je nach Alter auffallend: Während es denen über sechzig vorrangig ums Helfen geht, treibt die Um-die-Fünfzigjährigen und Jüngeren, die Babyboomer, Selbstverwirklichung an. Oft fällt das Wort Sinn. Rentner möchten ihre Zeit mit dem Ehrenamt sinnvoll nutzen, Jüngere suchen nach Lebenssinn. Einige haben bereits Freunde oder Familienmitglieder im Sterben begleitet und suchen nachträglich nach Erklärungen. Andere haben das Sterben von Angehörigen ohnmächtig im Krankenhaus erlebt und wollen anderen helfen, es besser zu machen.

Jemand aus der Filmbranche sagt, er wolle mit dem Ehrenamt etwas Sinnvolles der Plastikwelt entgegensetzen, in der er arbeitet. Ich kann das gut nachvollziehen und nicke heftig. Egal, ob man als Arzt, Architekt, Journalist oder was auch immer arbeitet, überall bilden sich berufliche Blasen, in denen man schnell den Bezug zur Außenwelt und das Verständnis für das verliert, was außerhalb der eigenen Normalität geschieht. Sterbebegleitung ist keine Blase, sondern das Gegenteil davon, hier verbindet man sich mit Menschen von ganz verschiedener Herkunft und Prägung. Nicht allein an den Sterbebetten, wo einem sehr unterschiedliche Lebenswelten begegnen, auch in diesem Besprechungsraum: Der Verbund der Ehrenamtlichen symbolisiert einen Querschnitt durch die Gesellschaft. Sich ihm anzuschließen ist eine gute Möglichkeit, Ungewohntes ins eigene Leben zu lassen und neue Perspektiven zu gewinnen. Früher bin ich der Weltoffenheit wegen weit gereist. Heute spüre ich sie in einem Raum, der nach Pfefferminztee riecht.

Auch auf dem Fragebogen, mit dem man sich für den Lazarus-Hospizdienst bewirbt, wird nach den Motiven und Erwartungen gefragt, die man an die Sterbebegleitung hat. »Dass ich an der Erfahrung wachse und der Tod seinen Schrecken für mich verliert«, hatte ich damals notiert. Beides hat sich erfüllt, so ungeheuerlich der Tod auch bleibt.

Zugegeben, mein Motiv für Sterbebegleitung ist nicht gerade selbstlos. Als Kind meiner Zeit, als typischer Babybomer, bin ich so ausgiebig mit mir beschäftigt, dass sogar Sterbebegleitung der Selbstfindung dient. Ist das in Ordnung? Darf man Menschen in schweren Stunden beistehen, um eigene Ängste zu überwinden? Ich glaube, niemand handelt aus reiner Nächstenliebe, jeder hat seine kleine persönliche Agenda – sogar Nonnen, denn sie helfen anderen des eigenen Seelenheils wegen.

Wer sich in Heilberufen engagiert, hat immer etwas Persönliches auf- oder abzuarbeiten, ähnlich wie ein Künstler.

Das sagt Christian Schulz, leitender Arzt einer Palliativstation der Universität Düsseldorf. Er ist erleichtert, wenn ein ehrenamtlicher Helfer seine Ängste klar kennt und benennt, denn reine Selbstlosigkeit wäre ihm als Motiv genauso suspekt wie eine mögliche Faszination am Sterben, sagt er. Neben seiner Tätigkeit als Palliativarzt nutzt Schulz auch andere Kanäle, um dem schwierigen Thema Tod Öffentlichkeit zu verschaffen. Für das Projekt *30 junge Menschen* beispielsweise hat er Gespräche zwischen jungen Menschen und sterbenden Patienten aufgezeichnet und im Nachfolgeprojekt *30 Gedanken zum Tod* sehr unterschiedliche Menschen über ihre Haltung zum Tod befragt. Solange es solch aufwändige, vom Bundesministerium für Bildung und Forschung finanziell geförderte Projekte braucht, um über den Tod zu sprechen, wirkt meine Motivation für den Hospizdienst unschuldig. Offenbar ist der Tod immer noch ein so großes Tabu, dass jeder selbst sehen muss, wie er damit zurechtkommt.

Wie groß die Hemmungen und gleichzeitig auch das Bedürfnis, über den Tod zu sprechen, sind, zeigen Briefe von Bekannten, die mir erst dann detailliert vom Sterben ihrer Eltern berichtet haben, nachdem sie von meinem Engagement im Hospiz erfahren hatten. Freundinnen fordern mich neuerdings nach einer Krebsdiagnose in der Familie auf, freimütig zu sagen, was auf sie zukommt. Wer sich im Hospiz engagiert, so scheint es, übernimmt gleichzeitig die Rolle eines Botschafters im Sterben, eine Rolle, die noch öfter besetzt werden muss.

Neulich hat mich jemand gefragt, warum ich nicht lieber ehrenamtlich mit Kindern oder Flüchtlingen arbeite, anstatt Menschen im Sterben zu begleiten. Also meine freie

Zeit besser dort investiere, wo es der Gesellschaft auf längere Sicht mehr bringt. Die Frage hat mich überrascht, denn fraglos profitieren diejenigen, die ich begleite, von meinem Engagement, und dass sie nach ihrem Tod in der Gesellschaft keine Zukunft mehr haben, kann man ihnen schlecht vorwerfen.

Zum Ende der Praxisbesprechung liest jemand die Namen derer vor, die im zurückliegenden Monat verstorben sind, es ist wie die Meditation zu Beginn des Treffens ein Ritual. Jedes Mal, wenn der Name von jemandem verlesen wird, den ich begleitet habe, ein Name, mit dem ich ein Gesicht und eine Lebensgeschichte verbinde, spüre ich die starke Kraft dieses Rituals. Sich an jemanden zu erinnern heißt, ihn fortleben zu lassen. Erinnerung ist die unkomplizierteste Variante von Unsterblichkeit.

Später knacke ich den Glückskeks, der an diesem Abend auf meinem Stuhl lag. *Lieber eine Kerze anzünden als über die Finsternis klagen* steht auf dem kleinen Zettel im Keks. Wie passend. Ich bin ins Hospiz gegangen, um mir einen mutigen Blick aufs Sterben anzutrainieren, so, wie man im dunklen Keller zu pfeifen beginnt, wenn man sich fürchtet. Es hat funktioniert. Nach dem Ereignis im Nachbarhaus fühlte ich mich ohnmächtig, jetzt fühle ich mich besser gewappnet, dem Tod zu begegnen. Allein in Bezug auf meine Kinder macht er mir Angst. Ein einziges Mal habe ich meinen heute vierzehnjährigen Sohn unsanft angefasst, in einem Moment, als er sich über eine Balkonbrüstung beugte und herunterzufallen drohte, so habe ich es zumindest gesehen. Er hat darüber verwundert gelacht, aber mir rauben die Gefahren, die man als Mutter überall sieht, manchmal den Atem. In Bezug auf die Kinder denkt man die Scheußlichkeit des Todes immer mit.

Habe ich darüber hinaus irgendeine höhere Wahrheit über Leben und Tod gefunden? Nein, denke ich, all die Gespräche im Blick, die ich geführt, und die vielen Bücher, die ich gelesen habe, um dem Mysterium auf die Spur zu kommen. Wie naiv die Vorstellung ist, das universale Problem mit der Sterblichkeit intellektuell lösen zu können.

Die Tatsache, dass ein Mensch existiert und dann einfach verschwindet, irritiert mich heute genauso wie vor meiner Zeit als Sterbebegleiterin. Ein ganzes Leben zu leben, um schließlich niemand zu werden, ergibt keinen Sinn. Da baut man sich über viele Jahre etwas auf, schafft sich schöne Dinge an, richtet sich nett ein im Leben – und am Ende wirft man alles über Bord. Was soll das? Ich meine, man muss die Dinge wirtschaftlich sehen: All die frühen Jahre stümpert man herum, probiert aus, macht Fehler – und in dem Moment, wenn sich aus allen Irrtümern etwas Überzeugendes geformt hat, tritt man ab. Sich genau dann zu verabschieden, wenn man so vieles im Leben begriffen und gelernt hat, ist eine ungeheure Verschwendung. Warum muss das so sein? Weil das Leben ohne das Bewusstsein, nur eine begrenzte Zeit zur Verfügung zu haben, keinen Spannungsbogen hätte. Es ist wie beim Schreiben: Man braucht eine *Deadline*, um einen Text in Form zu bringen. Ohne Abgabetermin vertändele ich meine Zeit, drifte ab, lasse mich gedanklich treiben. Erst dann, wenn die Zeit knapp wird, arbeite ich konzentriert. Gäbe es keinen Tod, würde ich auch mein Leben vertändeln. Je früher man die eigene Sterblichkeit spürt, desto besser gelingt ein gutes Leben.

Wolfgang Herrndorf hat in seinem Blog übers Sterben

beschrieben, dass er am Ende seines Lebens so gierig gelesen hat wie nie zuvor – nicht Bücher, die neu für ihn waren, sondern solche, die ihn früher schon stark beeindruckt hatten. Er nutzte die verbleibende Zeit, um in die Tiefe zu gehen. »Was jetzt zurückkehrt beim Lesen, ist das Gefühl, das ich zuletzt in der Pubertät und danach nur bei ganz wenigen Büchern hatte (...): dass es einen Unterschied gibt zwischen Kunst und Scheiße. Einen Unterschied zwischen dem existentiellen Trost einer großen Erzählung und dem Müll, von dem ich zuletzt eindeutig zu viel gelesen habe.« Herrndorf hat die letzten drei Jahre seines Lebens, also die mit dem Krebs, als seine besten Jahre bezeichnet – weil er so gelebt habe, wie er es sich immer gewünscht habe: konzentriert. Er hat zwischen »sinnvollem« Leben am Ende im Gegensatz zu »verplemperter Zeit« unterschieden. Viele sehen seinen Blog als Plädoyer für selbstbestimmtes Sterben, man kann es aber auch lesen als die Geschichte einer Wandlung von Gedankenverlorenheit zu höchster Hingabe an das eigene Tun. So gesehen, bekommt der Tod tatsächlich einen Sinn: Er wird zum Maßstab fürs Leben.

Das hat auch Lucy Kellaway, herausragende Kolumnistin der *Financial Times*, so empfunden, als ihr Vater starb. Kellaway war Mitte fünfzig, als der Tod ihres Vaters sie nach eigenem Bekunden zum Waisenkind machte. Kelly verwendet tatsächlich das Wort »Waisenkind«, es klingt merkwürdig im Zusammenhang mit ihrem fortgeschrittenen Alter, beschreibt aber treffend ihr Lebensgefühl. Nach dem Tod ihres Vaters kam es Kellaway seltsam vor, wie gewohnt mit Kollegen über die Überschrift eines Artikels zu diskutieren und darüber nachzudenken, welches von zwei Worten mit identischer Bedeutung wohl besser in die Zeitung passen würde. Sie beschloss, mit Mitte fünfzig auszusteigen und künftig in einer Londoner Problemschule zu unterrichten. Um andere zu ermutigen, dasselbe zu tun, gründete sie »Now Teach«, eine Organisation, die erfahrene Geschäftsleute zu Lehrern umschult. Kellaway hatte mit ein paar Dutzend Interessenten gerechnet, doch als in kurzer Zeit über 800 Bewerbungen eingingen, war klar, dass sie einen Nerv getroffen hatte. Zumal bei vielen Bewerbern ebenfalls ein Todesfall den Ausschlag dazu gegeben hatte, etwas Neues auszuprobieren. »Der Tod konfrontiert dich mit der Frage, ob das, was du tust, auch das ist, was du tun willst. Seine Brutalität bringt alles Gewohnte durcheinander«, schreibt Kellaway.

Am Beispiel von Kellaway zeigt sich, wie existentiell das Bild, das man von sich hat, mit den eigenen Eltern verbunden ist. Womöglich fällt es mir deshalb leichter, die Gebrechlichkeit meines Vaters zu akzeptieren als die meiner Mutter. Während ich die Altersmarotten meines Vaters längst in mild verklärtem Licht sehe, habe ich bei meiner Mutter damit Schwierigkeiten. Sie hat in meiner Vorstellung weiterhin die leidenschaftliche, wunderschöne, vor Ideen sprühende Frau von früher zu sein, eine, die zupackt und mir mit den Kindern hilft, und keine, die selber Hilfe braucht. Wenn meine Mutter, sie geht auf die achtzig zu, jammert, bin ich streng und unduldsam, so, als hätte sie ihr Alter selbst verschuldet, etwas, das ich ihr unterschwellig zum Vorwurf mache. Das ist natürlich sehr ungerecht und gemein, aber diese Unbarmherzigkeit liegt in der Natur: Ich sträube mich dagegen, ihr Alter wahrzunehmen, weil ich mein eigenes darin erkenne. Als Tochter sieht man in der Mutter gespiegelt, was einen selbst erwartet, weshalb man das Bild von Vitalität und Tatkraft so lange wie möglich aufrechterhalten will.

Aber Schritt für Schritt kommen wir der Sache näher, meine Mutter und ich. Es begann vor fünfzehn Jahren, als sie mir einen Umzugskarton mit den Worten überreichte, jetzt bist du dran. Im Karton war der Familienschmuck für den Weihnachtsbaum verpackt, Erbstücke von meinen Großeltern, farbige Glaskugeln, Ketten aus Goldpapierfolie, die mein Bruder als Kind geklebt hat, ein Engelsorchester aus dem Erzgebirge, zerschlissene Strohsterne aus meiner Kindheit, solche Sachen. Für mich war es viel mehr als nur Christbaumschmuck, es war die Stabübergabe meiner Mutter, als ich selbst Mutter geworden bin, ein Zeichen, dass sie jetzt zurücktritt – für mich ein heikler Moment.

Ein anderes einschneidendes Erlebnis liegt nicht lange zurück. Meine Mutter, sie lebt in München, ist zu Besuch in Berlin, wir gehen spazieren, es ist ein schöner Tag im Winter, wir plaudern, alles ist friedlich, und dann stürzt sie plötzlich unvermittelt auf dem Bürgersteig der Länge nach hin, liegt von einem Moment auf den anderen hilflos am Boden, ein Perlenarmband, das sich beim Sturz gelöst hat, neben ihr auf dem Asphalt. Der Anblick zerreißt mir das Herz, es tut weh, sie so zu sehen, doch in das Mitleid mischt sich Erleichterung, denn schlagartig ändert sich mein Bild von ihr. Plötzlich sehe ich in meiner Mutter das zarte Kind mit den schwarzen Zöpfen, das ich von alten Fotografien kenne, ein süßes Kind mit Kulleraugen und einem Gesichtsausdruck, als hätte es sich gerade sehr erschreckt. Auf Fotos von früher wirkt meine Mutter immer ungläubig und fehl am Platz, so, als wunderte sie sich darüber, was ihr gerade geschieht.

Als sie an diesem Wintertag gestürzt ist, kann sie aus eigener Kraft nicht aufstehen. Ich helfe ihr hoch und hake sie fest bei mir unter, das will ich in Zukunft immer so machen, ich hoffe, ich kann es noch viele Male tun.

Wenn es um die eigene Familie geht, versagt alles Wissen über den Tod. Die vermeintliche Klarheit, alles Gelernte und Gelesene, schrumpft zu Abziehbildchen, zu belanglosen Klischees, denn Erfahrungen von dieser Wucht lassen sich nicht vorwegnehmen. Aber, wie die todeskundige österreichische Autorin Lotte Ingrisch schreibt, wer den Tod bedenkt, wird freundlicher und sanftmütiger. Das hilft in der Zeit, die dem Sterben der Eltern vorausgeht.

Ich denke jetzt oft an eine Jugendfreundin, die orthodoxe Nonne geworden ist, eine starke Persönlichkeit, die Äbtissin eines Klosters in Griechenland ist. Ich habe viel Zeit dort verbracht, um zu verstehen, was sie tut. Der Alltag der Nonnen ist archaisch und karg, ihr Leben voller Verzicht und Konzentration. Die Schwestern gehen geistig und körperlich an die Grenzen ihrer Kräfte, sie denken das Leben vom Ende her und antizipieren den Tod. Durch ihre Kleidung werden körperliche Vergänglichkeit und Todesnähe symbolisiert, ein tiefschwarzer Habit, der sie mit der Nacht verschmelzen lässt. In langen Gesprächen habe ich zu ergründen versucht, was meine Freundin dort macht und warum. Eine Bemerkung von ihr hat sich besonders nachhaltig eingeprägt: »Wir sind jeden Moment bereit zu sterben. Das erkennt man auch an unserer schwarzen Kleidung.« Jemand, für den der Tod so wenig schrecklich ist, sondern im Gegenteil Erfüllung verheißt, kann sich im Leben auf Wesentliches konzentrieren. Wenn es jeden Moment vorbei sein kann, geht man achtsamer mit seinem Leben um und wachsamer mit anderen.

Der Tod erinnert uns daran, wie die Welt sein sollte und wie wir sein wollen. Er erinnert uns an unsere Sehnsucht. Deshalb hat mich die Sterbebegleitung zu einem stärkeren Menschen gemacht: Ich bin radikaler geworden, achte mehr auf Sinn und Wert meines Tuns. Auch zupackender bin ich geworden. Am Zupacken erkennt man übrigens, ob jemand Erfahrung mit dem Sterben hat: Wer schon mal einen gebrechlichen Menschen am Lebensende begleitet hat, fragt nicht viel, sondern reicht wortlos seinen Arm zur Unterstützung. Früher wollte ich der Welt meinen Willen aufzwingen, heute lebe ich geschmeidiger. Ein Skilehrer hat mir vor einiger Zeit geraten, mehr mit dem Hang zu fahren anstatt gegen ihn, das ist ein guter Rat auch für das Leben.

Ich treffe leichter Entscheidungen, indem ich mich frage, wie ich wohl am Lebensende darüber denken würde. Es hilft, das Leben von hinten zu betrachten. Noch mehr hilft es, das Leben weniger theoretisch zu betrachten. Zu diesem Ergebnis ist die Amerikanerin Ariel Levy gekommen, nachdem ihr Leben durch eine Frühgeburt eine radikale Wende nahm. Levy, Autorin beim *New Yorker*, war 37, als sie, im fünften Monat schwanger, für eine Recherche in die Mongolei reiste. Bis dahin hielt sie sich für unverwundbar und verstand sich als furchtlose Abenteurerin, die dem Leben ihre Regeln diktiert statt umgekehrt. Dann kam das Kind wegen einer Komplikation in der Gebärmutter überstürzt und viel zu früh in einem Hotelbadezimmer in Ulan Bator zur Welt. Levy barg ihren winzigen Sohn kurze Zeit in der Hand, bevor er starb, ein Verlust, der ihr Leben nachhaltig verändert hat. Plötzlich war nicht mehr viel von dem, was zählte, übrig: Levys Ehe zerbrach, und auch das Haus, das sie mit ihrer Lebenspartnerin bewohnt hatte, ging verloren, ebenso die Gewissheit, eine Frau im 21. Jahrhundert könne alles haben, was sie will. Von der verlorenen Identität und davon, wie sie sich neu zusammengesetzt hat, erzählt Levy in ihrem Buch *Gegen alle Regeln*. Als Autorin sei es ihre Aufgabe, die Welt zu deuten und ihre Sicht der Dinge dem Leser überzeugend zu vermitteln, schreibt sie. »Die Vorstellung, dass im richtigen Leben, anders als beim Schreiben, der Impuls, zu analysieren und zu beeinflussen, möglicherweise unterdrückt werden sollte, war eine Offenbarung.« Ähnliches hat meine Tochter neulich erkannt: »Warum musst du immer so viel fragen und nachdenken, Mama. Leb doch einfach mal.«

Der Tod hilft dabei, sich daran zu erinnern, was man nicht verpassen möchte. An das, was man nicht versäumen will. Denn mehr als den Tod sollte man fürchten, nicht gelebt zu haben, schreibt Ariadne von Schirach in ihrem Buch *Du sollst nicht funktionieren. Für eine neue Lebenskunst.* Doch wie leben? Wie herausfinden, was wichtig ist? Indem man darüber nachdenkt, was man vermissen würde, empfiehlt Schirach.

Irgendwo habe ich gelesen, dass viele Menschen es am Lebensende bedauern, nicht öfter barfuß gelaufen zu sein. Es müssen nicht zwingend die großen Ziele sein, für die es sich zu leben lohnt. Hier sind ein paar Dinge, die ich vermissen würde: Die gedämpfte Stille in der Stadt, wenn Schnee gefallen ist. Walderdbeeren. Die Süßwasserdusche nach einem Tag am Meer. Das Adagio aus Rachmaninows zweitem Klavierkonzert. Schnittlauchquark. Das Glitzern eines Sees, auf den die Sonne scheint. Aus der Kälte ins Warme kommen. Die Fragen meiner Kinder (»Ist es schlimm, dass ich mich nicht mehr so doll auf meinen Geburtstag freue wie früher?«). Die Kinder, vor allem.

Im Internet kann man sich auf allen möglichen Webseiten sein voraussichtliches Sterbedatum errechnen lassen, meins wäre auf der Grundlage meines Geschlechts und Geburtsdatums der 21. September 2048. Ich habe statistisch gesehen ab dem Tag, an dem ich dies schreibe, noch 31 Jahre, vier Monate und 26 Tage zu leben. Mein Sohn hat neulich gesagt, ich dürfe erst sterben, wenn er die seelische Reife habe, das auszuhalten, so hat er es formuliert.

Ich werde mich bemühen.

Danksagung

Lydia Röder, Elizabeth Schmidt-Pabst, Kathrin Hackmann und Cordula Dünnebeil vom Ambulanten Lazarus Hospizdienst danke ich herzlich für ihr Wohlwollen und die Aufgeschlossenheit, ohne die dieses Buch nicht hätte entstehen können. Die Hospizarbeit hat mir neue, unerwartete Dimensionen eröffnet. Sie bereichert mein Leben fortlaufend.

Meinem Vater Uwe Piepgras bin ich unendlich dankbar dafür, dass er sich auf das Abenteuer dieses Buches eingelassen hat und Freude daran findet.

Eine Reihe wertvoller Interviews mit Ärzten unterschiedlicher Fachrichtungen sind indirekt in meine Arbeit eingeflossen, allen voran mehrere Abende mit Astrid Kohl, die mir komplizierte Zusammenhänge verständlich gemacht und damit die Grundlage für Teile des Buches geschaffen hat. Auch Gespräche mit Elke Unmüssig, Michael de Ridder, Axel Piepgras und Katharina Jakobs haben mir sehr geholfen. Ihnen möchte ich an dieser Stelle herzlich danken.

Mary Bauermeister, Medard Kehl, Graham Pawelec und Klaus Sames danke ich für ihre Bereitschaft, mir für dieses Buch ausführlich Rede und Antwort zu stehen.

Spezieller Dank geht an Johannes und Marlene Piepgras für ihr wertvolles Feedback und an Laila König für ihr Vertrauen (und vieles mehr). Vanessa de Senarclens, Anuschka Roshani, Susanne Stürmer, Luise Stapenhorst, Irmgard

Marschler, Heike Püschel, Hussam Khoder, Channah Arendt, Siggi Gutberlet, Roswitha Bräuer, Dana Kempe, Monica Dzwonkowska und Cynthia Piepgras danke ich für Austausch und Inspiration.

Dank an Margit Ketterle für den Anstoss zu diesem Buch und an Ilka Heinemann für das großartige Lektorat. Sabine Rückert aus der Chefredaktion der ZEIT danke ich für die engagierte Betreuung meines Textes »Von einer, die auszog, das Sterben zu lernen« und für eine mutige Entscheidung. Der Text, der im August 2015 im ZEITmagazin erschien, ist die Keimzelle des vorliegenden Buches. Meinem Redaktionsleiter Christoph Amend bin ich dankbar für die fördernde Begleitung meiner Arbeit.

Dank an Bernhard, Susanna und Anna Maier für Langmut und Gelassenheit im Umgang mit einer gereizten Autorin, spezieller Dank an Ruth Maier für ihr nachhaltiges Interesse am Entstehen dieses Buches und die tatkräftige Unterstützung während meiner Schreib-Klausur.

Meiner Mutter Ursula Piepgras bin ich von Herzen dankbar für ihre Treue und den unerschütterlichen Glauben an mich. Meinen Kindern Jonathan und Rebecca danke ich für direkten und indirekten Ansporn; ihre fordernde Vitalität hat wesentlich zum Gelingen dieses Buches beigetragen. Mein innigster Dank gilt Michael Maier, meinem Mann. Ihm verdanke ich eine Leichtigkeit, ohne die mir die Arbeit an diesem Buch nicht möglich gewesen wäre und vieles andere auch nicht.

Literaturverzeichnis

Sachbücher und Studien

Philippe Ariès: Geschichte des Todes, München 1982

Richard Béliveau, Denis Gingras: Der Tod: Das letzte Geheimnis des Lebens. Daten, Fakten, Unerklärliches, München 2012

Sabine Bode: Die vergessene Generation – Die Kriegskinder brechen ihr Schweigen, Stuttgart 2004

Sabine Bode: Kriegsenkel: Die Erben der vergessenen Generation, Stuttgart 2013

Gian Domenico Borasio: Über das Sterben: Was wir wissen. Was wir tun können, München 2012

Ben Moore: Da draußen. Leben auf unserem Planeten und anderswo. Zürich, 2014

Atul Gawande: Sterblich sein: Was am Ende wirklich zählt, Frankfurt 2015

Owen Gingerich: Gottes Universum: Nachdenken über offene Fragen, Berlin 2008

Susanne Jung: Besser leben mit dem Tod oder Wie ich lernte, Abschied zu nehmen, Stuttgart 2013

Cornelia Klinger (Hg.): Perspektiven des Todes in der modernen Gesellschaft, Wien 2009

Hans Küng: Glücklich sterben? München, 2014

Katie Roiphe: The Violet Hour: Great Writers at the End, New York 2016

Martin W. Schnell, Christian Schulz (Hg.): 30 Gedanken zum Tod, Berlin 2016

Raoul Schrott: Erste Erde: Epos, München 2016

Studio Olafur Eliasson: The Kitchen, München 2016

Dick Swaab: Wir sind unser Gehirn. Wie wir denken, leiden und lieben, München 2011

Jean-Pierre Wils: ars moriendi: Über das Sterben, Frankfurt 2016

Joachim Wittkowski, Hans Strenge: Warum der Tod kein Sterben kennt: Neue Einsichten zu unserer Lebenszeit, Darmstadt 2011

Zimmermann, Kruse, Rentsch: Kulturen des Alterns: Plädoyers für ein gutes Leben bis ins hohe Alter, Frankfurt 2016

Memoirs, Essays und Tagebücher

Mitch Albom: Dienstags bei Morrie: Die Lehre eines Lebens, München 2002

Simone de Beauvoir: Ein sanfter Tod, Reinbek 1968

Emanuelle Bernheim: Alles ist gutgegangen, Berlin 2014

Nataly Bleuel: Ich will raus hier: Anstiftung zum guten Leben im falschen, Freiburg 2015

Jean-Martin Büttner: Anfänge. Und so weiter, Basel 2014

Elias Canetti: Das Buch gegen den Tod, Frankfurt 2014

Joan Didion: Das Jahr magischen Denkens, Berlin 2008

Joan Didion: Blaue Stunden, Berlin 2013

Georg Diez: Der Tod meiner Mutter, Köln 2009

Georg Diez: Die letzte Freiheit: Vom Recht, sein Ende selbst zu bestimmen, München 2015

Nora Ephron: Der Hals lügt nie: Mein Leben als Frau in den besten Jahren, 2009

Nora Ephron: Ich kann mir alles merken: Nur nicht mehr so lange, 2011

Kate Gross: Der Zauber meines viel zu kurzen Lebens, München 2016

Erika Hayasaki: The Death Class: A True Story about Life, New York 2014

Wolfgang Herrndorf: Arbeit und Struktur, Berlin 2013

Christopher Hitchens: Endlich. Mein Sterben, München 2013

Lotte Ingrisch: Reiseführer ins Jenseits, 2010

Paul Kalanithi: Bevor ich jetzt gehe: Was am Ende wirklich zählt, München 2016

Michael Kinsley: Old age: A Beginner's Guide, New York 2016

Ariel Levy: Gegen alle Regeln, München 2017

Charlotte Link: Sechs Jahre: Der Abschied von meiner Schwester, München 2006

Ruth Picardie: Es wird mir fehlen, das Leben, Reinbek 1999

Fritz J. Raddatz, Tagebücher 2002 – 2012, Reinbek 2014

David Rieff: Tod einer Untröstlichen: Die letzten Tage von Susan Sontag, Frankfurt 2009

Meghan O'Rourke: The Long Goodbye: A Memoir, New York 2011

Christiane zu Salm: Dieser Mensch war ich: Nachrufe auf das eigene Leben, München 2013

Christiane zu Salm: Weiterleben: Nach dem Verlust eines geliebten Menschen, München 2016

Ariadne von Schirach: Du sollst nicht funktionieren: Für eine neue Lebenskunst, Stuttgart 2014

Christoph Schlingensief: So schön wie hier kanns im Himmel gar nicht sein: Tagebuch einer Krebserkrankung, München 2009

Christian Schüle: Wie wir sterben lernen: Ein Essay, München 2013

David Shields: Das Dumme am Leben ist, dass man irgendwann tot ist: Eine Art Anleitung zum Glücklichsein, Stuttgart 2009

Cory Taylor: Sterben. Eine Erfahrung, Berlin 2017

Katja Thimm: Vatertage: Eine deutsche Geschichte, Frankfurt 2011

Maxie Wander: Leben wär eine prima Alternative – Tagebücher und Briefe, München 1994

Marjorie Williams: »Hit by Lightning: A Cancer Memoir« und »The Halloween of my Dreams«, in: The woman at the Washington Zoo: Writings on Politics, Family and Fate, New York 2005

Belletristik und Graphic Novels

Roz Chast: Können wir nicht über etwas anderes reden? Meine Eltern und ich, Reinbek 2015

Lisa Genova: Still Alice: Mein Leben ohne gestern, München 2009

Anna Quindlen: Familiensache: Die Seele des Ganzen, München 1999

Rafael Yglesias: Glückliche Ehe, München 2011

Spielfilme und Dokumentationen

David Alvarado, Jason Sussberg: The Immortalists, 2014

Alejandro Amenábar: Das Meer in mir, 2004

Jo Baier: Das Ende ist mein Anfang, 2010

Ingmar Bergman: Das siebente Siegel, 1957

Ingmar Bergman: Wilde Erdbeeren, 1961

Patrice Chéreau: Sein Bruder, 2004

Isabel Coixet: Mein Leben ohne mich, 2003

Andreas Dresen: Halt auf freier Strecke, 2011

Clint Eastwood: Hereafter – Das Leben danach, 2011

Spike Jonze: Her, 2013

Rainer Kaufmann: Blaubeerblau, 2011

Andreas Kleinert: Mein Vater, 2002

Akira Kurosawa: Ikuru. Einmal wirklich leben, 1952

Nikolaus Leytner: Die Auslöschung, 2012

Seth MacFarlane: Family Guy. Death is a Bitch, Season 2, Episode 6, 2000

Terrence Malick: The Tree of Life, 2011

Mike Mills: Beginners, 2010

Nanni Moretti: Mia Madre, 2016

François Ozon: Die Zeit die bleibt, 2006

Sarah Polley: An ihrer Seite, 2008

Yojiro Takita: Nokan. Die Kunst des Ausklangs, 2010